新媒体浪潮下的新闻传播机制：变革、策略与实践

贾蓓　高佳柳　著

中国纺织出版社有限公司

内 容 提 要

本书回顾了新媒体技术发展历程与特征，阐述了其对新闻传播模式变革的影响，如互动性、即时性的增强和个性化的兴起，同时指出信息过载、假新闻等现象带来的挑战。在理论层面，本书通过研究新闻传播案例得出实践启示，并阐述了新闻传播研究方法的创新与伦理问题，最后展望新闻传播行业未来，包括技术影响、转型发展、在社会中的角色等。本书立意新颖，具有理论性、实践性、可操作性、可读性等特点，可供相关行业从业者、学者学习和参考，具有一定的学术价值和使用价值。

图书在版编目（CIP）数据

新媒体浪潮下的新闻传播机制：变革、策略与实践 / 贾蓓，高佳柳著. -- 北京：中国纺织出版社有限公司，2025. 5. -- ISBN 978-7-5229-2622-3

Ⅰ. G210

中国国家版本馆CIP数据核字第2025KB9407号

责任编辑：杨宁昱　　责任校对：王蕙莹　　责任印制：储志伟

中国纺织出版社有限公司出版发行

地址：北京市朝阳区百子湾东里 A407 号楼　邮政编码：100124

销售电话：010—67004422　传真：010—87155801

http://www.c-textilep.com

中国纺织出版社天猫旗舰店

官方微博 http://weibo.com/2119887771

天津千鹤文化传播有限公司印刷　各地新华书店经销

2025 年 5 月第 1 版第 1 次印刷

开本：710 × 1000　1/16　印张：13.75

字数：260 千字　定价：79.00 元

前言

在数字化时代，新媒体形态层出不穷、迅猛崛起，深刻改变了新闻传播格局。互联网的普及、社交媒体的发展及移动媒体的应用等新技术，让新闻传播在速度、范围和方式上都发生了巨变，也带来了机遇与挑战。

新的时代也为新媒体带来诸多机遇，如互联网打破时间和空间的限制，新闻通过互联网瞬间传遍全球；社交媒体提供了互动空间，用户可获取并参与新闻传播；移动媒体使新闻触手可及。但同时，新媒体也带来了挑战，例如，信息过载使用户难以选择真正有价值的内容，虚假新闻易误导公众。新媒体发展对新闻伦理提出新的要求。因此，本书重点研究新闻传播现状、机制变革、传播策略及实践问题，并探讨应对策略。

第一，本书从新闻传播的现状出发，深入分析新媒体技术的发展及其对新闻传播的影响，包括新媒体技术的发展历程与特征、新闻传播模式的发展等，揭示其对新闻传播格局的重塑作用。

第二，本书深入探讨新闻传播机制的理论基础，重新审视经典传播模式与效果理论、媒体依赖等传统理论，分析其在新时代的适用性和局限性。同时，研究新媒体环境下网络社会的传播模型、信息扩散与影响力分析、受众行为的网络分析等创新理论，探索新闻传播机制改革的方向。

第三，本书从内容生产、传播渠道、受众分析等方面入手，分析受众特征与新媒体行为模式，了解受众在新媒体环境下的信息需求、偏好和媒体使用习惯；研究数字化转型与新闻内容创新、用户生成内容的兴起与影响、新闻内容创新策略与技术应用等，探索新媒体环境下新闻内容生产的新方式和新途径；分析社交媒体作为新闻传播的核心平台、移动新闻应用与平台的发展，新闻聚合与个性化推荐系统等传播渠道的变化，以及传播效果的多维度测量与评估、新闻传播的社会影响与长远效应等方面的变革。

第四，本书探讨了新闻伦理与法规、传播策略、人工智能时代的新闻传播、新闻传播技术应用等方面的问题，为新闻传播实践提供指导。

第五，本书对新闻传播的未来趋势进行展望，为新闻传播领域的学术研究、实践应用和政策制定提供前瞻性的思考。

本书对新媒体环境下新闻传播机制的变革、策略与实践进行了系统深入的研究，丰富了新闻传播领域的理论研究。本书通过对新媒体环境下新闻传播的现状、理论基础、受众分析、内容生产、传播渠道、传播效果、新闻伦理法规、传播策略等方面的研究，构建了一个综合的理论框架，为新闻传播领域的学术研究提供了新的视角和方法。

此外，本书的研究对于提高新闻传播的质量和效果、促进社会信息流通、推动社会进步具有重要的社会价值。在新媒体环境下，新闻传播的速度和范围都得到了极大的提升，但同时也面临着信息过载、虚假新闻等问题。本书通过对新闻传播机制的研究，提出了一系列有效的传播策略和应对措施，有助于提高新闻传播的真实性、可信度和影响力，为社会提供更加准确、有价值的新闻信息。同时，本书还对新闻伦理法规、传播策略、国际新闻传播、新闻教育等方面进行了深入探讨，为新闻传播实践提供了全面的指导。

本书共分为 14 章，由贾蓓与高佳柳合作完成，其中第 1—8 章、第 10 章、前言与结论由贾蓓撰写完成，第 9 章以及第 11—14 章由高佳柳负责撰写完成。贾蓓撰写书稿字数为 15.76 万字，高佳柳撰写书稿字数为 10.22 万字。

著者

2024 年 10 月

目录

第一篇　理论与现状

第二篇　变革与创新

第四篇　趋势与展望

第一篇　理论与现状

第1章　新媒体环境下的新闻传播现状

1.1　新媒体技术的发展历程与特征

1.1.1　互联网与社交媒体的兴起

（1）互联网的发展历程

①萌芽阶段（20 世纪 60—80 年代）

1969 年，互联网的前身阿帕网（ARPANET）诞生，标志着互联网时代的正式开始。阿帕网是由美国国防部高级研究计划局所研发的一项实验性计算机网络技术，其初衷在于促进不同地理位置的计算机之间的信息交流。彼时，此网络主要服务于军事及科研领域，用户群体相对狭窄。

随着科技的持续演进，部分高等院校及研究机构相继加入网络行列，逐步构建起一个小型的学术网络体系。在此阶段，网络通信主要依赖于分组交换技术，尽管数据传输速率尚显迟缓，却为日后互联网的蓬勃发展奠定了坚实的基础。

②商业化阶段（20 世纪 90 年代）

在 20 世纪 90 年代，互联网开始步入商业化进程。中国也在 1994 年 4 月 20 日正式接入国际互联网，这一年也成为了中国互联网时代的元年。

万维网（World Wide Web）的诞生使互联网的使用门槛大幅降低，上网变得更为简单与高效。万维网作为一种依托超文本的信息系统，借助网页与链接的桥梁作用，将世界各地的信息资源紧密联结，用户仅凭浏览器这一工具，便能轻松穿梭于各类网站之间，获取信息。

在此阶段，互联网服务提供商（ISP）的数量激增，为个人用户及企业组织提供了广泛的互联网接入服务。与此同时，电子商务作为一种新兴业态开始崭露头角，部分企业开始尝试利用网络平台进行商品与服务的销售，这一创新模式进一步丰富了互联网的应用场景。

③普及阶段（2000—2010 年）

进入 21 世纪，互联网技术不断进步，宽带接入逐渐普及，互联网的速度和稳定性得到了极大提高。个人电脑的价格不断下降，使得更多的人能够拥有自己的电脑并接入互联网。

这一阶段，搜索引擎的发展也起到了至关重要的作用。众名搜索引擎的出现，使得用户能够更加方便地找到自己需要的信息。同时，电子邮件、即时通讯等工具也得到了广泛应用，人们的沟通方式发生了巨大变化。

各种在线服务，如在线购物、在线娱乐、在线教育等，也不断涌现，互联网逐渐成为人们生活中不可或缺的一部分。

④移动互联网阶段（2010 年至今）

2010 年以来，智能手机和平板电脑的普及推动了移动互联网的快速发展。移动互联网使得人们可以随时随地接入互联网，享受各种在线服务。移动应用程序（APP）的兴起也为用户提供了更加便捷的服务。

这一阶段，4G 和 5G 网络的发展进一步提高了移动互联网的速度和性能。同时，物联网（IoT）的发展也使得各种设备能够连接到互联网，实现智能化控制和数据传输。互联网的应用范围不断扩大，覆盖了人们生活的各个方面。

（2）社交媒体的发展历程

社交媒体的发展与互联网的发展密切相关，其发展历程可以分为以下几个阶段。

①早期网络社交阶段（20 世纪 90 年代—2005 年左右）

在 21 世纪初的互联网浪潮中，六度空间（sixdegrees.com）与 Friendster 作为先驱者，勇敢地踏出了在线社交的第一步。这些平台不仅仅是技术的产物，更是人类对于跨越物理界限，寻求心灵共鸣的深刻渴望的集中体现。

六度空间，即“六度分隔理论”，该理论由美国社会心理学家斯坦利·米尔格拉姆提出，认为在人际交往的脉络中，任意两个陌生人之间，平均通过六个人就能建立联系。六度空间平台正是基于这一理论，旨在通过数字化的方式，让人们在虚拟世界中实现这一奇迹。用户可以在平台上创建详尽的个人资料，包括照片、兴趣爱好、职业背景等，以此作为自我表达的窗口。同时，平台提供了强大的好友搜索和连接功能，让用户能够轻松找到失联多年的朋友，或是结识志同道合的陌生人。

然而，六度空间等早期网络社交平台的发展之路却并非一帆风顺。受限于当时的技术水平，平台在用户体验、数据存储、服务器稳定性等方面都面临着巨大的挑战。此外，用户对于在线隐私的担忧也逐渐浮出水面，如何在享受社交便利的同时保护个人隐私，成为了亟待解决的问题。这些因素共同作用，使得这些平台在竞争激烈的市场中难以立足，最终未能实现其预期的目标。

尽管如此，六度空间与 Friendster 等早期网络社交平台的尝试与探索，无疑为后来的社交媒体发展铺设了坚实的基石。它们证明了在线社交的巨大潜力和市场需求，同时也为后来的开发者提供了宝贵的经验教训。

② Web 2.0 时代的社交媒体崛起（2005—2010 年）

2005 年前后，随着 Web 2.0 技术的发展，社交媒体开始崛起。Web 2.0 强调用户参与和互动，用户能够更加积极地参与网络内容的创造和分享中。

这一时期，国内外社交媒体平台迅速发展。一些社交网络平台以其简洁的信息发布方式和实时性，成为新闻传播和舆论形成的重要平台。例如，微博在中国也迅速崛起，成为人们获取信息和表达意见的重要渠道。

这些社交媒体平台不仅提供了个人资料展示和好友连接的功能，还允许用户发布文字、图片、视频等多种形式的内容，并与其他用户进行互动。社交媒体的互动性和传播速度使得信息能够在瞬间传播到全球各地，形成了强大的舆论影响力。

③移动社交媒体时代（2010 年至今）

2010 年以来，随着智能手机和平板电脑的普及，移动社交媒体成为主流。用户可以随时随地通过移动设备访问社交媒体平台，发布和接收信息。

这一阶段，移动社交媒体平台迅速发展，受到年轻人的喜爱。企业和品牌开始利用社交媒体平台进行营销推广，与用户进行互动和沟通，提高品牌知名度和影响力。

（3）互联网与社交媒体兴起的影响

①信息传播方式的变革

互联网和社交媒体打破了传统媒体时间和地域的传播限制，使信息传播更加便捷、快速。用户可以随时随地发布和接收信息，参与话题讨论，形成了一个庞大的信息网络。社交媒体的互动性强，用户可以通过点赞、评论、分享等方式与其他用户进行互动，信息的传播速度和范围得到了极大的提高。这种信息传播方式的变革使得新闻传播更加及时、全面，公众的参与度也更高。

②社交方式的改变

互联网和社交媒体改变了人们的社交方式。人们可以通过社交媒体平台与远在千里之外的朋友和家人保持联系。社交媒体也为人们提供了一个展示自己的平台，用户可以通过发布照片、视频等内容，展示自己的生活和个性。这种社交方式的改变使得人们的社交更加多元化和个性化。

③商业模式的创新

互联网和社交媒体的兴起推动了商业模式的创新。电子商务、社交媒体营销等新型商业模式的出现，为企业和品牌提供了更多的营销渠道和机会。同时，互联网和社交媒体也为创业者提供了更多的机会。一些基于互联网和社交媒体的创业公司如爱彼迎（Airbnb）、优步（Uber）等迅速崛起，改变了传统的行业格局。

④社会舆论形成方式的变化

社交媒体成为社会舆论形成的重要平台。用户可以通过社交媒体平台表达自己的观点和意见，参与社会热点问题的讨论。这种舆论形成方式的改变使得公众的声音更加容易被听到，社会监督的力度也得到了加强。然而，社交媒体也容易加快虚假信息和谣言的传播，对社会稳定和公共安全造成威胁。因此，加强社交媒体的管理和引导成为一个重要课题。

1.1.2 移动媒体与平台的演进

（1）移动新闻应用和平台的发展历程

①早期探索阶段（2000—2010年）

在这一阶段，移动互联网技术刚刚起步，移动新闻应用和平台的数量相对较少。一些传统媒体开始尝试推出手机版网站，为用户提供简单的新闻浏览服务。然而，由于移动网络速度较慢、手机屏幕较小等问题导致用户体验不佳，这些早期的移动新闻服务并没有得到广泛的应用。

②快速发展阶段（2010—2015 年）

在这一时期，移动新闻应用和平台的数量迅速增长。传统媒体纷纷加大对移动新闻业务的投入，推出了自己的移动新闻客户端。例如，《纽约时报》《华盛顿邮报》等国际知名媒体都推出了功能强大的移动新闻应用，它们以创新的新闻报道方式和个性化的内容推荐，吸引了大量年轻用户。

这一阶段的移动新闻应用和平台开始注重用户体验和个性化服务。通过数据分析和算法推荐，为用户提供符合其兴趣爱好的新闻内容。同时，一些应用还推出了社交分享功能，用户可以将自己喜欢的新闻分享到社交媒体上，与朋友进行互动。

③成熟创新阶段（2015 年至今）

2015 年以来，随着人工智能、大数据分析等技术的不断发展，移动新闻应用和平台进入了成熟创新阶段。这些技术的应用使得移动新闻服务更加智能化、个性化和精准化。

人工智能技术在移动新闻领域的应用主要体现在智能推荐、语音助手和机器写作等方面。通过智能推荐算法，移动新闻应用可以根据用户的浏览历史、兴趣爱好等因素，为用户提供更加精准的新闻推荐。语音助手则为用户提供了更加便捷的新闻获取方式，用户可以通过语音指令获取新闻资讯。机器写作技术的应用使得新闻生产的效率得到了极大的提高，一些新闻机构开始使用机器写作软件来生成新闻稿件。

大数据技术的应用使得移动新闻平台可以更加深入地了解用户需求和行为习惯。通过对用户数据的分析，平台可以为用户提供更加个性化的新闻服务，同时也可以为广告主提供更加精准的广告投放服务。

此外，移动新闻应用和平台也在不断创新新闻报道方式。例如，一些平台开始采用虚拟现实（VR）、增强现实（AR）等技术，为用户提供沉浸式的体验。

（2）移动媒体的特点

①随时随地可访问

清晨的地铁上，乘客们纷纷拿起手机，滑动屏幕，浏览着最新的国际新闻、国内时政以及娱乐八卦，仿佛整个世界都在他们的指尖轻轻跳跃。这正是移动媒体赋予我们的生活新景象。无论是忙碌的上班族，还是悠闲的旅行者，抑或是家中的老人与孩子，都能通过移动媒体感受到世界的广阔与多彩。这一切，都得益于移动媒体可随时访问的特点。

移动媒体之所以能够成为人们获取新闻的重要渠道之一，除了其便捷性外，更在于其强大的信息传播能力。在突发事件发生时，传统媒体往往因为地域、时间等因素的限制，难以在第一时间将信息传递给广大受众。而移动媒体则能够在极短的时间内将新闻推送到用户的手机上，让用户能够第一时间了解事件的最新进展。这种即时性、互动性和广泛性的结合，使得移动媒体在新闻传播领域占据了举足轻重的地位。

此外，移动媒体还通过丰富多样的形式和内容满足了不同用户群体的个性化需求。从文字、图片到视频、直播，从新闻快讯到深度报道，移动媒体以其丰富的表现形式和强大的内容生产能力，为用户打造了一个全方位、立体化的信息获取平台。用户可以根据自己的兴趣和需求，选择自己感兴趣的内容进行阅读或观看，极大地提升了信息获取的趣味性和用户的满足感。

近年来移动媒体的用户数量呈现出爆发式增长的趋势。越来越多的人开始依赖移动媒体来获取新闻资讯和娱乐信息。这一变化不仅反映了人们对信息需求的日益增长和多元化趋势，也彰显了移动媒体在信息传播领域的重要地位和巨大潜力。

②推送通知及时

在数字化时代，移动新闻应用和平台以其独特的优势，成为了人们获取即时资讯的首选途径。这些平台不仅汇聚了全球范围内的新闻事件，还通过创新的推送通知机制，将新闻时效性提升到了前所未有的高度。每当有重大新闻事件发生，用户几乎能在第一时间收到通知，仿佛置身新闻现场，感受那份紧张与激动。

推送通知作为移动新闻应用的核心功能之一，其重要性不言而喻。一旦出现有价值的信息，移动新闻应用便以最快的速度将其推送给用户。这种即时性不仅满足了现代人对信息速度的追求，也体现了新闻行业对时效性的极致追求。

然而，推送通知并非简单的“一刀切”。在尊重用户个性化需求的基础上，移动新闻应用提供了丰富的设置选项，让用户可以根据自己的兴趣和阅读习惯，灵活调整推送通知的类型和频率。这样用户既能确保不错过重要信息，又能有效避免被无关紧要的通知所打扰，实现了信息获取的精准与高效。

③交互性强

在这个信息爆炸的时代，用户不再仅仅是内容的接受者，而是成为了信息传播与讨论的积极参与者。移动媒体的交互性让信息的交流变得更加自由、多元和深入。具体来说，移动媒体的交互性体现在多个方面。

首先，用户可以通过评论功能，直接在新闻下方发表自己的看法和观点。这些评论可以让每一种声音都有机会被听见。同时，点赞和分享按钮的设置，更是激发了用户的参与热情。一个简单的点赞，不仅是对内容的认可，更是对作者辛勤创作的鼓励；而一次分享，则可能让一条新闻迅速传遍网络，引发更广泛的关注和讨论。这种交互性带来的不仅仅是用户参与度的提升，更重要的是它增强了用户与媒体之间的黏性。当用户感受到自己的声音被重视，自己的观点能够影响他人时，他们便会更加愿意花费时间和精力去关注这个媒体平台，从而形成一个良性循环。相关统计数据显示，拥有高度交互性的移动媒体平台，其用户留存率和活跃度往往远高于传统媒体。

其次，移动新闻应用和平台还引入了用户生成内容（UGC）模式，这一创新之举无疑为新闻内容的丰富性和多样性注入了新的活力。UGC 模式鼓励用户从自身视角出发，上传自己的新闻作品和观点。它们不仅能够为专业媒体提供有价值的新闻线索和报道角度，还能够以更加生动、鲜活的方式展现社会百态，增强新闻的真实性和可信度。

（3）移动媒体对新闻传播的影响

①改变了新闻传播的格局

移动媒体的兴起使得新闻传播的格局发生了深刻的变化。传统媒体的垄断地位被打破，新媒体和自媒体的影响力不断扩大。用户可以通过移动媒体获取来自不同渠道的新闻内容。

同时，移动媒体的发展也促进了新闻传播的全球化。用户可以通过移动设备了解不同国家和地区的新闻动态。这种全球化的新闻传播格局，使得信息的流通更加便捷，也促进了不同文化之间的交流和融合。

②提高了新闻传播的效率

移动媒体的随时随地可访问和推送通知及时等特点，使得新闻传播的效率得到了极大的提高。新闻事件可以在第一时间被报道和传播，用户可以及时了解到最新的信息。

此外，移动媒体的交互性强的特点也使得新闻传播更加高效。用户可以通过评论、点赞、分享等方式参与新闻的传播和讨论，扩大新闻的影响力。这种用户参与的新闻传播模式，使得新闻可以更快地传播给更多人。

③挑战了传统新闻价值观

移动媒体的发展也对传统新闻价值观提出了挑战。在移动媒体时代，新闻的时效性和趣味性往往更加受到关注，而新闻的深度和客观性则可能被忽视。一些移动新闻应用和平台为了追求点击率和流量，可能会发布一些虚假新闻、低俗新闻和“标题党”新闻，从而影响了新闻的质量和媒体的公信力。

因此，在移动媒体时代，新闻媒体需要更加注重新闻的质量和公信力，坚持正确的价值观，为用户提供真实、客观、有深度的新闻内容。

1.1.3 新媒体技术的综合影响

（1）拓宽了新闻传播渠道

新媒体技术极大地拓宽了新闻传播的渠道。传统媒体时代，新闻主要通过报纸、电视、广播等有限的渠道进行传播。而在新媒体时代，互联网、社交媒体、移动媒体等平台为新闻传播提供了多元化的途径。

各大新闻机构纷纷建立自己的官方网站，实时发布新闻资讯。这些网站不仅提供文字新闻，还融合了图片、视频、音频等多种形式，丰富了新闻内容的呈现方式。同时，新闻网站的信息更新速度快，用户可以随时获取最新的新闻动态。微博、微信等社交媒体平台拥有庞大的用户群体，用户可以通过分享、转发等方式迅速传播新闻。

此外，新闻机构纷纷入驻社交媒体平台，利用其传播优势扩大新闻的影响力。社交媒体平台上的用户还可以通过评论、点赞等互动方式参与新闻讨论，使新闻传播更具有互动性。

（2）信息传播的速度加快、范围扩大

新媒体技术显著提高了信息传播的速度扩大了其传播范围。互联网的高速连接使得新闻可以瞬间传播到全球各地。例如，在突发事件中，社交媒体平台上的用户往往能够第一时间发布现场照片和视频，使新闻传播的速度大大超过传统媒体。同时，新媒体的传播范围也极为广泛，不受地域限制。无论是在城市还是乡村，只要有网络连接，用户就可以轻松获取到各种新闻信息。

（3）带来信息过载问题

新媒体技术的发展也带来了信息过载的问题。随着新闻传播渠道的增多和信息传播速度的加快，大量的新闻信息扑面而来，用户往往难以从中筛选出有价值的新闻内容。一方面，新闻机构为了吸引用户关注，不断发布大量的新闻稿件，导致信息数量急剧增加。另一方面，社交媒体平台上的用户也在不断分享和转发各种新闻，进一步加剧了信息的泛滥。信息过载使得用户需要花费更多的时间和精力筛选有用内容，也容易导致用户的信息焦虑。

（4）假新闻泛滥

新媒体技术还导致了假新闻的泛滥。在新媒体环境下，信息的发布门槛较低，任何人都可以通过社交媒体平台等渠道发布新闻。一些不良分子为了获取关注和流量，故意制造和传播虚假新闻。假新闻的传播速度往往很快，容易误导公众，破坏社会稳定。在一些重大事件中，虚假新闻可能会引发公众的恐慌和混乱。此外，假新闻也会损害新闻媒体的公信力，影响新闻传播的健康发展。

例如，2023 年，有人造谣“南京高速飞鸟聚集”是“地震前兆”，这是一则关于自然灾害的谣言，造谣者利用人们对生命安全的担忧，鼓吹这样的现象，有意制造恐慌气氛、加剧公众不安全感。

（5）改变了新闻生产方式

新媒体技术改变了新闻生产和消费的模式。在新闻生产方面，传统的新闻生产模式是由专业记者进行采访、撰写和编辑，然后通过新闻机构发布。而在新媒体时代，用户生成内容（UGC）成为新闻生产的重要组成部分。

UGC 使得人人都可以是一台行走的“摄像机”，用户可以通过社交媒体平台、博客、短视频平台等渠道发布自己的新闻作品和观点，丰富了新闻内容的来源。同时，新闻机构也越来越注重与用户的互动，通过收集用户的反馈和意见，改进新闻生产方式。

（6）促进受众参与和互动

新媒体技术促进了受众的参与和互动。在传统媒体时代，受众的参与度较低，主要是被动地接受新闻。而在新媒体时代，受众可以通过评论、点赞、分享等方式积极参与新闻的传播和讨论。新闻机构也越来越重视受众的参与和互动，通过开设评论区、举办线上活动等方式，鼓励受众发表自己的观点和意见。受众的参与和互动不仅丰富了新闻内容，也增强了新闻传播的效果。

（7）推动新闻传播方式多元化和个性化发展

新媒体技术推动了新闻传播方式的多元化和个性化发展。由于新媒体平台的开放性和多样性，不同类型的新闻机构和个人都可以在平台上发布新闻，使得新闻传播方式更加丰富多样。

同时，新媒体技术也使得新闻传播更加个性化。通过数据分析和算法推荐，新闻机构可以根据用户的兴趣爱好和行为习惯，为用户提供个性化的新闻服务。用户可以根据自己的需求选择不同的新闻渠道和内容，满足自己个性化的信息需求。

1.2 新闻传播模式的变革

1.2.1 互动性与参与性提升

（1）从单向传播到双向互动

传统的新闻传播模式主要是单向的信息传递，新闻媒体作为信息的生产者和传播者，将新闻内容推送给受众，而受众处于被动接受的地位。然而，随着新媒体技术的发展，新闻传播不再是单一的线性过程，而是演变为双向的互动交流。

新媒体平台为受众提供了多种参与新闻传播的方式。评论功能使得受众可以在阅读新闻后立即发表自己的看法和观点，与其他受众进行交流和讨论。点赞和分享功能则让受众能够表达对新闻内容的认可和喜爱，同时将新闻传播给更多的人。这种互动性打破了传统新闻传播中媒体与受众之间的界限，使受众从被动的接受者转变为积极的参与者。

（2）受众参与新闻传播的方式

①评论与讨论

评论是受众参与新闻传播最直接的方式之一。受众可以在新闻下方的评论区发表自己的意见、疑问和建议，与其他受众进行互动。评论区成为了一个公共的讨论空间，不同的观点在这里汇聚和交锋。在一些社会热点问题的新闻报道中，评论区常常会出现激烈的讨论，如“高空抛物”“新能源车起火”“老人跌倒”等新闻报道。受众们围绕事件的原因、影响和解决方案等方面展开辩论，这种讨论不仅有助于加深公众对新闻事件的理解，还能够促进社会共识的形成。

②点赞与分享

点赞和分享功能也是受众参与新闻传播的重要方式。当受众对某条新闻内容表示认可或感兴趣时，可以通过点赞来表达自己的态度。同时，受众还可以将新闻分享到自己的社交媒体账号上，让更多的人看到。点赞和分享的行为不仅扩大了新闻的传播范围，还能够反映出新闻的受欢迎程度和影响力。新闻媒体可以通过分析点赞和分享的数据，了解受众的兴趣点和需求，从而更好地调整新闻报道的方向和内容。

③参与线上活动

新闻媒体越来越注重通过举办线上活动来增强受众的参与感。这些活动可以包括投票、问卷调查、话题讨论等形式。受众可以通过参与这些活动，表达自己的观点和意见，同时也能够与新闻媒体进行更加深入的互动。在一些重大事件的报道中，新闻媒体会举办线上投票活动，让受众对事件的发展趋势进行预测或对相关问题进行表态。这种活动不仅能够提高受众的参与度，还能够为新闻报道提供更多的素材和视角。

④提供新闻线索和内容

在新媒体环境下，受众还可以成为新闻的提供者。一些新闻媒体鼓励受众通过电子邮件、社交媒体等渠道提供新闻线索和内容。受众可以将自己身边发生的新闻事件、有趣的故事或独特的见解提供给新闻媒体，为新闻报道增添更多的素材和活力。一些地方新闻媒体会通过社交媒体平台征集当地的新闻线索，受众可以将自己拍摄的照片、视频或文字描述发送给媒体，这些线索可能会成为新闻报道的重要来源。

（3）新闻媒体与受众互动的作用

①增强受众的参与感和归属感

新闻媒体越来越意识到受众互动的重要性，通过各种方式增强受众的参与感和归属感。举办线上活动、开展调查等方式能够让受众感受到自己是新闻传播的一部分，从而提高他们对新闻媒体的认同感和忠诚度。一些新闻媒体会定期举办读者见面会、线上座谈会等活动，让受众有机会与记者、编辑进行面对面的交流和沟通。这种互动方式能够增强受众与新闻媒体之间的情感联系，使受众更加愿意参与新闻传播。

②提高新闻报道的质量和影响力

受众的反馈也能够为新闻媒体提供更多的信息，帮助新闻媒体提高新闻报道的质量和影响力。受众的评论和建议可以为记者提供新的报道思路和角度，使新闻报道更加全面和深入。同时，受众的分享和传播也能够扩大新闻的影响力，让更多的人关注和了解新闻事件。一些新闻媒体会在新闻报道中引用受众的评论和观点，使新闻内容更加丰富。此外，新闻媒体还可以通过分析受众的反馈数据，了解受众的需求和喜好，从而更好地满足受众的信息需求。

1.2.2 信息传播即时性增强

（1）新媒体技术为即时性传播提供基础

①移动设备的普及

如今，手机、平板电脑等移动设备已经广泛普及，几乎人手一部手机。这些设备具有便携性和强大的功能，使得记者可以随时随地进行新闻报道。这种即时性的报道方式，打破了传统媒体在时间和空间上的限制，使新闻传播更加迅速、高效。

②高速网络的支持

随着 5G 网络的不断发展和普及，移动网络的速度和稳定性得到了极大的提升。这为新闻传播的即时性提供了有力的保障。记者可以通过高速网络快速上传新闻稿件、图片、视频等内容，受众也可以在瞬间接收到这些信息。

（2）多渠道实时传播

在一些重大自然灾害、突发事件中，记者的现场报道可以让受众及时了解灾区的情况，为救援工作提供重要的信息支持。新媒体技术使得新闻信息能够在第一时间传递给受众。新闻机构可以通过官方网站、移动客户端、社交媒体平台等渠道，将新闻稿件、图片、视频等内容迅速发布出去。受众只需打开手机或电脑，就可以随时随地获取最新的新闻资讯。

新闻机构会通过其在各大社交媒体平台上的官方账号，及时发布新闻动态。当有重大新闻事件发生时，这些账号会立即推送消息，受众可以直接查看新闻内容，新闻信息实现了即时传递。

（3）即时性传播的影响

第一，信息传播即时性的增强对新闻媒体提出了更高的要求。新闻机构需要更加快速地响应新闻事件，及时发布准确、全面的新闻报道。同时，新闻媒体还需要加强对新闻信息的审核和把关，确保新闻的真实性和可靠性。否则，一旦出现虚假新闻或错误信息，将会对新闻媒体的公信力造成严重的损害。

第二，新闻媒体需要不断创新报道方式和手段，提高新闻的吸引力和影响力。在即时性传播的时代，受众对新闻的要求越来越高，他们希望能够在第一时间获取有价值的新闻信息，并且希望新闻报道能够更加生动、有趣、富有互动性。

第三，即时性传播也带来了一些问题。例如，受众可能会因为信息过载而感到焦虑和困惑。在大量的新闻信息面前，他们往往难以筛选出有价值的内容。此外，一些虚假新闻和谣言也可能会在即时性传播的过程中迅速扩散，误导受众。

1.2.3　个性化服务兴起

（1）大数据与人工智能为个性化服务奠定基础

①大数据的作用

大数据技术能够收集、存储和分析海量的用户数据，包括用户的兴趣、偏好、行为习惯等。通过对这些数据的深入挖掘，新闻媒体可以更好地了解用户的需求，为提供个性化的新闻服务提供有力的数据支持。

新闻媒体可以通过分析用户的浏览历史，了解用户对不同类型新闻的关注度。如果用户经常浏览体育新闻，那么新闻媒体就可以推断出该用户对体育领域感兴趣，从而在后续的新闻推荐中增加体育新闻的比例。

②人工智能的应用

人工智能技术在新闻媒体中的应用，进一步推动了个性化服务的发展。机器学习算法可以根据用户的历史数据，自动学习用户的兴趣模式，并为用户推荐符合其兴趣的新闻内容。

自然语言处理技术可以对新闻内容进行分析和理解，提取关键信息，以便更好地匹配用户的兴趣。例如，通过对新闻标题和正文的分析，确定新闻的主题和关键词，然后与用户的兴趣标签进行匹配，为用户推荐相关的新闻。

（2）个性化服务对新闻传播的影响

①提高用户阅读体验和满意度

个性化服务能够为用户提供符合其兴趣的新闻内容，避免用户在大量不相关的新闻中浪费时间和精力。用户可以更快速地找到自己感兴趣的新闻，提高阅读效率。

同时，个性化推荐系统还可以根据用户的阅读习惯，为用户提供合适的新闻呈现方式。例如，对于喜欢快速浏览的用户，可以提供简洁明了的新闻标题和摘要；对于喜欢深入阅读的用户，可以提供详细的新闻内容和相关的背景资料。

②增强用户黏性和忠诚度

当用户能够从新闻媒体中获得个性化的服务时，他们会更愿意访问该媒体，从而增强用户黏性。长期来看，用户对提供个性化服务的新闻媒体会产生更高的忠诚度。新闻媒体可以通过不断优化个性化服务，满足用户的需求，建立良好的用户关系。例如，通过用户反馈渠道，了解用户对推荐内容的满意度，及时调整推荐策略，提高用户的体验感。

③促进新闻呈现形式的多元化和创新

个性化服务不仅可以满足用户的个性化需求，还可以促进新闻呈现形式的多元化和创新。为了满足不同用户的需求，新闻媒体可以提供形式丰富多样的新闻，并且内容涵盖不同的主题和领域。而一些小众的文化、艺术、科技等领域的新闻，可能因为个性化推荐而被更多的用户发现和关注。

（3）个性化服务面临的挑战与应对策略

①数据隐私问题

个性化服务需要收集大量的用户数据，这就引发了数据隐私问题。用户可能担心自己的个人信息被泄露或滥用。新闻媒体需要采取严格的数据安全措施，保护用户的隐私。例如，采用加密技术保护用户数据的传输和存储，明确数据使用的目的和范围，遵守相关的法律法规。同时，新闻媒体还可以通过向用户提供数据隐私政策说明，增强用户对数据安全的信任。

②推荐算法的局限性

个性化推荐算法虽然能够根据用户的兴趣进行推荐，但也存在一定的局限性。例如，算法可能会使用户陷入“信息茧房”中，只向用户推荐与其已有兴趣相关的新闻内容，导致用户的视野狭窄。为了克服推荐算法的局限性，新闻媒体可以采用多种推荐策略相结合的方式。除了基于用户兴趣的推荐，还可以引入一些随机推荐、热门推荐等方式，让用户接触到更多不同类型的新闻内容。同时，新闻媒体也可以通过编辑推荐、专家推荐等方式，为用户提供更有价值的新闻视角。

③新闻质量的把控

在追求个性化服务的过程中，新闻媒体也不能忽视新闻质量的把控。一些为了吸引用户而追求点击率的新闻可能存在质量不高、信息虚假等问题。

新闻媒体需要建立严格的新闻审核机制，确保推荐给用户的新闻内容真实、准确、有价值。同时，新闻媒体也应该加强对新闻从业人员的培训和管理，提高其专业素养和职业道德水平。

1.3　新闻传播面临的挑战与应对

1.3.1　信息过载与筛选策略

（1）信息过载的现状

新媒体的蓬勃发展使得信息来源变得极为丰富和多元化。除了传统的新闻媒体机构，如今每个人都可以通过社交媒体、博客、短视频平台等渠道发布信息。用户可以从各种不同的平台获取新闻，包括专业新闻网站、社交媒体账号、自媒体公众号等。

例如，在社交媒体平台上，新闻媒体、意见领袖、个人等用户，都会发布各种新闻和信息。这种多元化的信息来源虽然丰富了用户的选择，但也使得信息获取的数量呈几何级数增长，导致信息过载问题更加严重。

（2）信息过载给用户带来的问题

①决策困难

面对海量的信息，用户往往难以做出正确的决策。用户需要花费大量的时间和精力去筛选和分析信息，才能找到真正有价值的内容。这不仅增加了用户的负担，还可能导致用户做出错误的决策。

②信息焦虑

信息过载还容易引发用户的信息焦虑。当用户感到无法有效地处理和管理大量的信息时，他们会产生一种焦虑和不安的情绪。这种信息焦虑可能会影响用户的身心健康，降低用户的生活质量。例如，一些用户担心错过重要的信息，不断地查看手机和电脑，导致注意力分散，无法专注于工作和生活。

（3）新闻传播面临的挑战

①吸引用户注意力

在信息过载的环境下，新闻媒体要想吸引用户的注意力变得更加困难。用户每天面对大量的信息，他们只会选择那些真正有价值、有趣、吸引人的内容。因此，新闻媒体需要不断提高新闻的质量和吸引力，才能在激烈的竞争中脱颖而出。新闻媒体可以通过创新报道方式、采用多媒体手段、挖掘独家新闻等方式，提高新闻的可读性和吸引力。同时，新闻媒体还可以加强与用户的互动，了解用户的需求和兴趣，为用户提供个性化的新闻服务。

②确保信息真实性

信息过载也给新闻媒体确保信息真实性带来了更大的挑战。在大量的信息中，难免会存在虚假信息等不良内容。这些虚假信息不仅会误导用户，还会损害新闻媒体的公信力。因此，新闻媒体需要加强对信息的审核和把关，确保发布的新闻内容真实、准确、可靠。

（4）筛选策略

①优化推荐算法

新闻媒体可以通过优化推荐算法，为用户提供更加精准、个性化的新闻服务。例如，新闻媒体可以采用协同过滤算法、内容推荐算法、基于知识的推荐算法等多种推荐算法相结合的方式，提高推荐的准确性和多样性。同时，新闻媒体还可以不断优化推荐算法，根据用户的反馈和行为数据进行调整，提高用户的满意度。

②提高内容质量

新闻媒体应该始终把提高内容质量作为核心任务。在信息过载的环境下，用户更加渴望高质量的新闻内容。新闻媒体可以通过加强新闻采编、提高写作水平、增加深度报道等方式，提高新闻的质量和价值。

例如，新闻媒体可以派出专业的记者深入一线进行采访，挖掘新闻背后的故事和真相。同时，新闻媒体还可以邀请专家学者对热点问题进行解读和分析，为用户提供更有深度的新闻内容。此外，新闻媒体还可以加强对新闻图片、视频等多媒体内容的制作，提高新闻的可视化和吸引力。

③加强人工编辑

虽然推荐算法可以为用户提供一定的筛选服务，但人工编辑在新闻筛选中仍然起着不可替代的作用。人工编辑可以凭借专业的新闻素养和判断力，对新闻内容进行筛选和推荐，为用户提供更加优质的新闻服务。

例如，新闻媒体可以设立专门的编辑团队，根据新闻的重要性、时效性等因素，对新闻进行分类和推荐。同时，编辑团队还可以对用户的反馈和需求进行分析，及时调整推荐策略，提高用户的满意度。

1.3.2　假新闻的识别与应对

（1）假新闻泛滥的原因

第一，新媒体的发展使得信息传播的门槛大大降低，任何人都可以通过社交媒体、博客、短视频平台等渠道发布信息。这就为假新闻的产生和传播提供了便利条件，一些别有用心的人可以轻易地编造虚假新闻，并迅速传播开来。例如，一些自媒体为了吸引眼球、获取流量，故意制造耸人听闻的假新闻。这些假新闻往往缺乏事实依据，却能在短时间内引起广泛关注和传播。

第二，新媒体的传播速度极快，信息可以在瞬间传播到全球各地。一旦假新闻发布，就会迅速扩散，难以控制。而且，新媒体的传播范围非常广泛，不同年龄、阶层、地域的人都可能接触到假新闻。

第三，受众缺乏对新闻的辨别能力，容易被假新闻所误导。一些人在看到新闻时，没有进行深入的思考和分析，就盲目相信并传播。此外，一些人存在从众心理，看到别人转发的新闻，也跟着转发，进一步扩大了假新闻的传播范围。例如，一些虚假的健康养生新闻、金融诈骗新闻等，往往会吸引很多人的关注和传播，因为人们对这些领域的知识了解有限，难以辨别新闻的真假。

（2）假新闻的危害

第一，假新闻最直接的危害就是误导公众。虚假的信息会让公众对事件产生错误的认识，从而做出错误的判断和决策。这不仅会影响个人的生活和发展，还会对社会的稳定和发展造成不良影响。例如，一些虚假的医疗新闻可能会误导患者，导致他们采用错误的治疗方法，延误病情。

第二，假新闻的泛滥会破坏社会的信任体系。当公众不断被假新闻所欺骗，他们就会对新闻媒体、社会组织等产生不信任感。例如，一些虚假的食品安全新闻可能会让公众对食品行业产生不信任感，影响食品市场的正常秩序。一些虚假的公益新闻可能会让公众对慈善机构产生不信任感，影响社会公益事业的发展。

第三，假新闻可以影响舆论的导向，误导公众的价值观和行为方式。一些别有用心的人可以通过制造和传播假新闻，达到自己的目的，如煽动社会公众情绪、制造社会矛盾等。例如，一些虚假的社会热点新闻可能会引发公众的不良情绪和行为。

（3）假新闻的识别方法

第一，对于一条新闻，要先核实其信息来源是否可靠。正规的新闻媒体、政府机构、专业机构等发布的信息相对较为可靠。而一些来源不明的网站、自媒体等发布的信息则需要谨慎对待。例如，可以通过查询新闻媒体的官方网站、社交媒体账号等渠道，核实新闻的来源。

第二，仔细查证新闻中的事实细节，如时间、地点、人物、事件经过等是否准确。可以通过查阅相关的资料、采访当事人、目击者等方式，核实新闻的真实性。例如，对于一些重大事件的新闻，可以通过查看现场照片、视频等资料，核实事件的真实性。对于一些涉及专业领域的新闻，可以咨询相关的专家学者，核实新闻中的专业内容是否准确。

第三，分析新闻中的逻辑关系是否合理。一些假新闻往往存在逻辑漏洞，经不起推敲。可以通过分析新闻的标题、内容、结论等之间的逻辑关系，判断新闻的真实性。一些假新闻的标题往往夸大其词，与内容不符。一些假新闻的结论缺乏事实依据，只是主观臆断。

第四，了解新闻的背景信息，有助于判断新闻的真实性。查阅相关历史资料、新闻报道等背景信息，可以了解事件的背景和发展脉络。同时，还可以关注新闻发布的时间节点，分析是否存在人为操纵的可能性。一些假新闻可能是在特定的时间节点发布，以达到某种目的。一些假新闻可能是对历史事件的歪曲和篡改。

（4）新闻媒体的应对措施

第一，新闻媒体应该建立严格的核实机制，对新闻信息进行多渠道、多角度的核实。在发布新闻之前，要确保新闻的真实性、准确性和可靠性。可以设立专门的核实部门，负责对新闻信息进行核实。同时，还可以采用多种核实方法，如采访当事人、目击者、专家学者等人，并查阅相关报道、文件等资料。

第二，新闻媒体应该加强对记者的培训和管理，提高记者的专业素养和职业道德水平。记者要具备扎实的新闻采访和写作能力，同时还要有强烈的社会责任感和使命感。可以定期组织记者参加培训课程，学习新闻采访技巧、核实方法、职业道德规范等。同时，还可以建立记者考核机制，对记者的工作表现进行评估和奖惩。

第三，新闻媒体可以利用先进的技术手段，如人工智能、大数据等，对假新闻进行识别和防范。例如，可以利用人工智能算法对新闻内容进行分析和判断，识别虚假信息。同时，还可以利用大数据技术对新闻的传播路径、用户反馈等进行分析，及时发现假新闻的传播趋势。

（5）政府和社会的监管措施

第一，政府可以加强对假新闻的法律法规建设，明确假新闻的定义、认定标准和处罚措施。对于制造、传播假新闻的行为，要依法进行严厉打击。

第二，社会各界应该加强对假新闻的监督，共同营造一个健康、有序的新闻传播环境。公众可以通过举报、投诉等方式，对假新闻进行监督。社会组织、行业协会等也可以发挥自身的作用，对新闻媒体进行监督和评价。公众可以向新闻媒体、政府部门等举报假新闻。社会组织可以开展新闻媒体的评价活动，对新闻媒体的公信力进行评估。行业协会可以制定行业规范，加强对会员单位的管理和监督。

1.3.3　新闻伦理与社会责任的再定义

（1）新媒体环境下新闻伦理与社会责任的新挑战

①保护用户隐私的重要性凸显

新媒体的发展使得用户的个人信息更容易被收集和利用。新闻媒体在进行新闻报道和信息传播的过程中，可能会涉及用户的隐私问题。例如，在报道一些社会事件时，可能会无意中泄露当事人的个人信息；在进行数据新闻报道时，可能会涉及用户的大数据隐私。

新闻媒体必须高度重视用户隐私保护问题，建立严格的隐私保护制度，确保用户的个人信息不被泄露和滥用。同时，新闻媒体也应该积极倡导全社会共同关注和保护用户隐私，推动相关法律法规的完善。

②维护信息安全的责任加重

新媒体环境下，信息安全问题日益突出。黑客攻击、网络病毒、数据泄露等事件时有发生，给新闻媒体和用户带来了巨大的损失。新闻媒体作为信息的生产者和传播者，有责任采取有效的措施维护信息安全。这包括加强网络安全防护，采用先进的加密技术和安全认证机制，确保新闻信息在传输和存储过程中的安全；建立健全的信息安全管理制度，加强对员工的安全意识教育，防止内部人员泄露信息；积极参与网络安全治理，与政府、企业和社会组织共同打击网络犯罪，维护网络空间的安全和稳定。

③避免虚假信息传播的挑战

新媒体传播的快速和广泛覆盖使得虚假信息的传播更加容易和迅速。新闻媒体在新媒体环境下，必须承担起更大的责任，加强对新闻信息的审核和把关，避免虚假信息的传播。新闻媒体需要建立完善的新闻审核机制，采用多种手段对新闻信息进行核实和验证，确保新闻的真实性和准确性。同时，新闻媒体也应该加强对公众的教育，提高公众的信息辨别能力，共同抵制虚假信息的传播。

（2）新闻媒体在新媒体环境下的社会责任

①提供真实、准确、全面的新闻信息

新闻媒体的首要社会责任是提供真实、准确、全面的新闻信息。在新媒体环境下，新闻媒体面临着更多的信息来源和更复杂的信息环境，这就要求新闻媒体更加严格地遵守新闻职业道德规范，加强对新闻信息的审核和把关，确保新闻的真实性和准确性。同时，新闻媒体也应该注重新闻信息的全面性，不仅要全面报道事件的发生、发展情况，还要深入挖掘事件的背景和原因，为公众提供更有深度和价值的新闻信息。

②坚持正确的舆论导向

新闻媒体作为社会舆论的引导者，在新媒体环境下肩负着更加重要的责任。新闻媒体应该坚持正确的政治方向和舆论导向，积极传播正能量，弘扬社会主义核心价值观。在报道社会热点问题和重大事件时，新闻媒体应该客观、公正地分析问题，引导公众理性思考，避免情绪化和极端化的言论。同时，新闻媒体也应该积极发挥舆论监督作用，对不良现象和违法行为进行曝光和批评，促进社会的公平正义和进步。

③促进社会交流与对话

新媒体为社会交流与对话提供了更加便捷的平台，新闻媒体应该充分利用这一平台，促进不同群体之间的交流与对话，增进社会的理解和包容。

新闻媒体可以通过举办在线论坛、开展互动活动等方式，引导公众就社会热点问题进行理性讨论和交流。同时，新闻媒体也应该积极倾听公众的声音，反映公众的诉求，为政府和社会提供决策参考。

④推动文化传承与创新

《中华人民共和国国民经济和社会发展第十四个五年规划和 2035 年远景目标纲要》指出，要坚持马克思主义在意识形态领域的指导地位，坚定文化自信，坚持以社会主义核心价值观引领文化建设，围绕举旗帜、聚民心、育新人、兴文化、展形象的使命任务，促进满足人民文化需求和增强人民精神力量相统一，推进社会主义文化强国建设。

新闻媒体在传播新闻信息的同时，也承担着文化传承和创新的责任。新闻媒体应该积极传播优秀的传统文化，弘扬民族精神，增强民族文化自信。同时，新闻媒体也应该关注文化创新，积极报道文化领域的新成果、新动态，为文化创新营造良好的舆论氛围。此外，新闻媒体还可以通过举办文化活动、推出文化产品等方式，推动文化的传承与创新。

（3）新闻伦理与社会责任的再定义

第一，在新媒体环境下，新闻媒体只有严格遵守新闻伦理规范，承担起社会责任，才能赢得公众的信任和支持，提高新闻媒体的公信力和社会影响力。公信力是新闻媒体的生命线，同时，新闻媒体的社会影响力也与其社会责任的履行程度密切相关，只有积极承担社会责任的新闻媒体才能更好地发挥其在社会发展中的作用。

第二，新闻媒体作为社会舆论的引导者，其行为和言论对社会的和谐与稳定有着重要的影响。新闻媒体可以通过客观、公正的报道，化解社会矛盾，促进不同群体之间的理解和包容。同时，新闻媒体也可以通过积极传播正能量，弘扬社会主义核心价值观，推动形成适应新时代要求的思想观念、精神面貌、文明风尚、行为规范，营造良好的社会氛围，促进社会的和谐与稳定。

第三，新闻伦理与社会责任的再定义是新闻传播事业可持续发展的必然要求。在新媒体环境下，新闻传播事业面临着诸多挑战和机遇，只有不断强化新闻伦理和社会责任意识，才能实现新闻传播事业的可持续发展。

新闻媒体应该以更高的标准要求自己，不断提高新闻质量和服务水平，为公众提供更加优质的新闻信息和文化产品。同时，新闻媒体也应该积极探索新的商业模式和发展路径，实现经济效益和社会效益的双赢。

第2章　新闻传播机制的理论基础与新媒体创新

2.1　传统新闻传播理论的再审视

2.1.1　经典传播模式与效果理论

（1）经典传播模式回顾

①拉斯韦尔的“5W”模式

拉斯韦尔在《传播在社会中的结构与功能》一文中提出了著名的“5W”传播模式，即谁（who）、说什么（says what）、通过什么渠道（in which channel）、对谁（to whom）、取得什么效果（with what effect）。这个模式清晰地勾勒出新闻传播的基本要素和过程，明确了传播者、信息、媒介、受众和效果这五个关键环节。

“5W”模式为新闻传播研究提供了一个系统的框架，使得研究者可以从不同的角度对新闻传播过程进行分析。例如，通过研究传播者的身份、动机和策略，可以了解新闻生产的背后因素；通过分析信息的内容、形式和价值，可以评估新闻的质量和影响力；通过考察媒介的特点、功能和发展趋势，可以把握新闻传播的渠道和方式；通过研究受众的需求、行为和反馈，可以提高新闻传播的针对性和有效性；通过评估效果的类型、程度和影响，可以衡量新闻传播的成果和价值。

②香农—韦弗的信息论模式

香农和韦弗在《传播的数学理论》中提出了信息论模式，该模式将传播过程看作一个信息的传递和接收过程，包括信源、发射器、信道、接收器、信息接收者和噪声六个部分。这个模式强调了信息的编码、解码和噪声干扰等因素对传播效果的影响。

在新闻传播中，信息论模式提醒我们要重视新闻信息的编码和解码过程。新闻工作者需要将复杂的新闻事件进行编码，转化为易于传播的新闻文本、图片、视频等形式。而受众则需要对这些新闻信息进行解码，理解其含义和价值。同时，信息论模式也让我们关注到传播过程中的噪声干扰，如虚假信息、谣言、偏见等，这些因素会影响新闻传播的效果和质量。

（2）经典传播模式在新媒体环境下的适用性

①基本要素的延续

在新媒体环境下，新闻传播的基本要素仍然是传播者、信息、媒介、受众和效果。虽然新媒体的出现带来了传播方式和渠道的变化，但这些基本要素并没有改变。例如，在社交媒体上，用户既可以是传播者，也可以是受众；新闻信息的形式更加多样化，包括文字、图片、视频、音频等；媒介平台更加丰富，包括微博、微信、抖音等；受众的参与度更高，他们可以通过点赞、评论、转发等方式与传播者进行互动；效果的评估也更加复杂，需要考虑到传播的范围、速度、影响力等多个方面。

因此，经典传播模式中的基本要素在新媒体环境下仍然具有重要的指导意义，我们可以通过对这些要素的分析，更好地理解新媒体时代的新闻传播过程。

②传播过程的变化

新媒体的发展使得新闻传播的过程发生了很大的变化。传统的新闻传播是单向的、线性的，传播者将新闻信息传递给受众，受众被动地接收信息。而在新媒体环境下，新闻传播是双向的、互动的，受众不再是被动的接收者，他们可以通过各种方式参与到新闻传播中来，与传播者进行互动和交流。

例如，在社交媒体上，用户可以对新闻进行评论、转发、点赞等操作，这些行为不仅可以表达他们对新闻的看法和态度，还可以将新闻传播给更多的人。同时，传播者也可以根据受众的反馈及时调整新闻内容和传播策略，提高新闻传播的效果和质量。

（3）经典传播模式的创新与发展

①加入新媒体元素

为了更好地适应新媒体环境，我们需要在经典传播模式中加入新媒体元素。例如，在信息论模式中，可以考虑到新媒体环境下信息过载、信息虚假等问题，加入信息筛选和核实等环节，提高新闻信息的质量和可信度。

同时，我们还可以借鉴新媒体的特点和优势，对经典传播模式进行创新和发展。例如，利用社交媒体的互动性和传播力，拓展新闻传播的渠道和方式；利用大数据和人工智能技术，提高新闻信息的精准推送和个性化服务水平；利用虚拟现实和增强现实技术，增强新闻的可视化和沉浸式体验。

②强调受众的主体地位

在新媒体环境下，受众的主体地位更加突出。他们不再是被动的接收者，而是积极的参与者和创造者。因此，我们需要在经典传播模式中更加重视受众的需求、行为和反馈，强调受众的主体地位。

例如，可以通过受众调查、数据分析等方式，了解受众的兴趣爱好、阅读习惯和需求偏好，为新闻生产和传播提供依据。同时，我们还可以鼓励受众参与新闻的生产和传播，通过用户生成内容等方式，丰富新闻的来源和形式。

2.1.2　媒体依赖与使用满足理论

（1）媒体依赖理论的内涵与传统应用

媒体依赖理论指出，人们在生活中对媒体存在着不同程度的依赖，这种依赖程度取决于媒体对他们的重要性和不可替代性。在传统媒体时代，报纸、电视、广播等媒体是人们获取信息、娱乐休闲、了解社会动态的主要渠道。例如，人们通过报纸了解国内外大事；通过电视观看新闻报道、电视剧、综艺等节目；通过广播收听音乐、新闻资讯、交通信息等。

在这个时期，媒体依赖主要表现为人们对特定媒体渠道的习惯性使用和信任。由于媒体资源相对有限，人们的选择范围也较为狭窄，因此受众一旦形成对某种媒体的依赖，就会在较长时间内持续使用该媒体。同时，传统媒体在信息传播方面具有较高的权威性和专业性，这也进一步加深了人们对它们的依赖。

（2）使用满足理论的核心观点与传统实践

使用满足理论强调，人们使用媒体是为了满足自己的特定需求和愿望。这些需求可以分为认知需求、情感需求、社交需求等多个方面。例如，人们为了获取知识和信息而阅读报纸、观看新闻节目，满足认知需求；为了放松心情、缓解压力而观看电影、听音乐，满足情感需求；为了与他人交流、分享观点而参与论坛讨论、社交媒体互动，满足社交需求。

在传统媒体环境下，媒体机构通常会根据受众的普遍需求来制作和传播内容。例如，电视台会根据不同的时间段和受众群体，安排不同类型的节目，以满足不同观众的不同需求。报纸也会设置不同的版面和栏目，涵盖政治、经济、文化、娱乐等多个领域，为读者提供丰富的信息选择。

（3）新媒体环境下用户媒体依赖的变化

①对单一媒体依赖程度下降

在新媒体环境下，用户获取信息的渠道变得极为丰富。除了传统的媒体渠道外，互联网、社交媒体、移动应用等新兴媒体平台层出不穷。用户可以通过搜索引擎轻松找到自己需要的信息，也可以在社交媒体上关注感兴趣的话题和人物，获取实时的新闻动态。这种多元化的信息获取渠道使得用户对单一媒体的依赖程度降低。

例如，以前人们可能主要通过电视新闻了解国内外大事，但现在可以通过微博、微信等社交媒体平台及时获取各种新闻资讯。用户不再仅依赖于某一种媒体，而是可以根据自己的需求和喜好选择不同的信息获取渠道。

②个性化的内容需求

新媒体技术的发展使得用户能够更加便捷地获取个性化的内容。用户可以通过定制新闻推送类型、关注特定的自媒体账号等方式，获取符合自己兴趣爱好的新闻信息。这种对个性化内容的需求使得用户对媒体的依赖更加注重满足个人的特定需求。

例如，一些用户对科技新闻感兴趣，他们可以通过关注科技类自媒体账号或订阅科技新闻推送，获取专门针对科技领域的新闻内容，而对于其他不感兴趣的内容可以选择忽略。这种个性化的需求使得用户对媒体的依赖更加精准和有针对性。

③互动性与参与感

新媒体平台具有很强的互动性，用户可以通过评论、点赞、分享等方式与媒体内容进行互动，也可以与其他用户进行交流和讨论。这种互动性和参与感使得用户对媒体的依赖不仅仅是获取信息，还包括参与到新闻传播的过程中，表达自己的观点和意见。

例如，在一些新闻事件的报道中，用户可以在社交媒体上发表自己的看法和评论，与其他用户进行讨论。这种互动性和参与感使得用户对媒体的依赖更加深入和全面。

（4）新媒体环境下用户需求的变化

第一，在快节奏的现代生活中，用户对新闻信息的即时性需求越来越高。新媒体平台能够实现新闻的实时传播，用户可以在第一时间了解到最新的事件动态。这种即时性满足了用户快速获取信息的需求，使得他们更加依赖新媒体平台。

第二，新媒体平台为用户提供了丰富的社交功能，用户可以通过分享新闻内容、参与话题讨论等方式与朋友、家人和其他用户进行互动。这种社交需求的满足使得用户对新媒体的使用更加频繁，也进一步加深了他们对新媒体的依赖。例如，用户在看到一篇有趣的新闻文章后，可以立即分享到自己的社交媒体账号上，与朋友进行讨论和交流。这种社交互动不仅满足了用户的社交需求，还扩大了新闻的传播范围。

第三，新媒体不仅提供新闻信息，还提供各种娱乐内容，如短视频、直播、网络游戏等。用户可以根据自己的兴趣爱好选择不同的娱乐方式，满足自己的娱乐需求。这种娱乐需求的多样化使得用户对新媒体的使用更加广泛，也增加了他们对新媒体的依赖。例如，一些用户喜欢通过观看短视频来放松心情，一些用户则喜欢通过直播平台观看游戏直播或其他娱乐节目。新媒体平台的娱乐功能满足了用户不同的娱乐需求，使得他们对新媒体的依赖程度不断提高。

（5）新媒体环境下新闻媒体的应对策略

第一，新闻媒体需要更加关注用户的需求和体验，深入了解用户的兴趣爱好、阅读习惯和使用场景。通过用户调研、数据分析等方式，精准把握用户的需求变化，为用户提供更加个性化的新闻服务。例如，新闻媒体可以根据用户的浏览历史和兴趣偏好，为其推荐相关的新闻内容。同时，还可以优化新闻页面的设计和布局，提高用户的阅读体验。

第二，新闻媒体应积极利用新媒体平台的互动功能，鼓励用户参与新闻传播的过程。可以通过设置评论区、开展话题讨论、举办线上活动等方式，增强用户的互动性和参与感。例如，新闻媒体可以在社交媒体上发起话题讨论，邀请用户发表自己的看法和意见。这种互动方式不仅可以提高用户的参与度，还可以为新闻报道提供更多的视角和观点。

第三，为了满足用户对新闻信息即时性的需求，新闻机构需要加强新闻采编的速度和效率，提供及时、准确的新闻报道。新闻机构可以利用新媒体平台的优势，实现新闻的实时推送和更新。例如，新闻媒体可以通过手机客户端、微信公众号等渠道，及时向用户推送最新的新闻资讯。同时，还可以利用直播技术对突发事件进行现场直播。

第四，新闻媒体还可以拓展多元化的服务内容，例如，新闻媒体可以开设文化、艺术、科技等领域的专栏，为用户提供丰富的知识和信息。同时，还可以举办线下活动，如讲座、展览等，增强用户的参与感和体验感。

2.1.3 议程设置与框架理论

（1）议程设置理论的内涵与传统作用

议程设置理论最早由麦克斯威尔·麦克姆斯和唐纳德·肖提出，该理论认为新闻媒体可以通过设置议程来影响议题重要性和公众的关注焦点。在传统媒体时代，报纸、电视、广播等主流媒体掌握着信息传播的主导权，它们可以通过选择报道哪些新闻事件、以何种方式报道以及在哪些版面或时段进行报道等方式，来引导公众关注特定的议题。

例如，在重大政治事件、社会热点问题或突发事件发生时，传统媒体往往会进行集中报道，通过头条新闻、专题报道、专家访谈等形式，将这些议题置于公众视野的中心位置，从而影响公众对这些议题的关注度和重视程度。这种议程设置的作用使得传统媒体在引导社会舆论、推动社会发展等方面发挥了重要的作用。

（2）框架理论的核心观点与传统实践

框架理论强调新闻媒体可以通过选择和突出特定的新闻框架来影响公众对新闻事件的理解和态度。新闻框架是指新闻媒体在报道新闻事件时所采用的特定视角、叙事方式和价值取向。不同的新闻框架会导致公众对同一新闻事件产生不同的理解和评价。

在传统媒体环境下，新闻媒体通常会根据自身的定位、价值观和利益诉求来选择新闻框架。例如，一些商业媒体可能会更倾向于采用经济框架来报道一个新闻事件，强调事件的经济效益和商业价值；而一些公共媒体则可能会更注重采用社会框架，关注事件对社会公平、民生福祉等方面的影响。通过选择不同的新闻框架，传统媒体可以引导公众从特定的角度去看待新闻事件，从而影响公众的态度和行为。

（3）新媒体环境下议程设置与框架理论的挑战与变化

第一，在新媒体环境下，信息传播的渠道更加多元，公众不再仅仅依赖于传统媒体获取新闻信息。互联网、社交媒体、移动应用程序等新媒体平台的出现，使得公众可以从多个渠道获取信息，这就打破了传统媒体对信息传播的垄断地位。

第二，在新媒体环境下，用户在新闻传播中的作用日益凸显。用户不仅可以通过社交媒体等平台分享新闻信息，还可以自己创作新闻内容，成为新闻的生产者和传播者。这种用户生成内容的模式使得新闻传播的主体更加多元化，也使得新闻议程的设置更加复杂。例如，一些突发事件可能首先是由普通用户在社交媒体上发布的，然后才引起传统媒体的关注和报道。在这个过程中，用户的传播行为和舆论导向会对新闻议程的设置产生重要影响。此外，用户的评论和反馈也会对新闻框架的选择产生影响，新闻媒体需要更加关注用户的观点和态度，以便更好地选择合适的新闻框架来引导公众舆论。

（4）新媒体环境下议程设置与框架理论的应用价值

①引导公众关注重要议题

尽管新媒体环境下信息传播更加多元化和互动化，但新闻媒体仍然可以通过设置议程来引导公众关注重要议题。例如，新闻媒体在对某一重大新闻事件的报道中，可以通过深入报道、专题策划、专家解读等方式，将这些议题置于公众视野的中心位置，引导公众关注这一事件。

同时，新闻媒体还可以利用新媒体平台的传播优势，通过社交媒体话题、短视频等形式，扩大新闻议程的传播范围，提高公众对重要议题的关注度。

②塑造公众对新闻事件的认知

新闻媒体可以通过选择和突出特定的新闻框架来塑造公众对新闻事件的认知。在新媒体环境下，新闻媒体需要更加注重选择具有积极意义和价值导向的新闻框架，引导公众从正面的角度去看待新闻事件。

例如，在报道自然灾害等事件时，新闻媒体可以突出社会各界的救援行动和互助精神，激发公众的正能量，增强社会凝聚力。

③促进公众参与和社会对话

新媒体的互动性为新闻媒体促进公众参与和社会对话提供了新的机遇。新闻媒体可以通过设置开放性的议题，邀请公众参与讨论和互动，从而促进社会对话和共识的形成。

例如，在一些社会热点问题的报道中，新闻媒体可以在社交媒体上发起话题讨论，邀请公众发表自己的观点和建议。通过这种方式，新闻媒体可以了解公众的需求和意见，为政府决策和社会治理提供参考。

（5）新媒体环境下应用议程设置与框架理论的策略

①整合传统媒体与新媒体资源

新闻媒体应充分发挥传统媒体和新媒体的优势，整合两者的资源，共同设置新闻议程和选择新闻框架。传统媒体可以利用其权威性和专业性，对重大议题进行深入报道和解读；新媒体则可以利用其传播速度快、互动性强的特点，扩大新闻议程的传播范围，引导公众参与讨论。

例如，在重大新闻事件发生时，传统媒体可以进行现场直播和深度报道，同时在新媒体平台上发布短视频、图文报道等，吸引公众关注。通过整合传统媒体与新媒体资源，可以提高新闻议程设置和框架选择的效果。

②关注用户需求和反馈

新闻媒体在设置议程和选择新闻框架时，应充分关注用户的需求和反馈。可以通过社交媒体监测、用户调查等方式，了解公众的关注点和兴趣点，以便更好地设置新闻议程和选择新闻框架。同时，新闻媒体还应积极回应用户的评论和反馈，与用户互动和对话，增强用户的参与感和认同感。

③创新新闻报道方式和形式

为了更好地适应新媒体环境，新闻媒体需要创新新闻报道方式和形式。例如，新闻媒体可以采用互动式报道、数据新闻、虚拟现实新闻等新型报道形式，增强用户的参与感和体验感。通过创新新闻报道方式和形式，可以提高新闻议程设置和框架选择的效果。

2.2 新媒体环境下传播理论的创新与发展

2.2.1 网络社会的传播模型

随着互联网和社交媒体的飞速发展，人类社会进入了一个全新的网络时代。在这个时代，信息传播的方式和格局发生了根本性的变化，网络社会的传播模型逐渐形成。

（1）网络社会传播模型的特点

第一，在网络发达的时代，每个人都可以成为信息的传播者，信息的传播呈现出多中心、分布式的特点。例如，在社交媒体平台上，用户可以自由地发布信息、评论和转发，这些行为都可能成为信息传播的起点。

第二，网络社会的传播是一种双向的、互动的过程。用户不仅可以接收信息，还可以对信息进行反馈和评论，与其他用户交流和讨论。这种互动性使得信息传播更加生动和丰富，也更容易引起用户的共鸣和参与。

第三，由于互联网的高效性和社交媒体的即时性，信息在网络社会中的传播速度非常快。一个事件可以在瞬间被传播到全球各地，引起广泛的关注和讨论。例如，在一些突发事件发生时，用户可以通过手机等移动设备迅速将现场情况拍摄下来并上传到社交媒体平台上，这些信息可以在几分钟内被大量用户看到和转发。这种快速的信息传播使得网络社会成为一个高度敏感和反应迅速的信息生态系统。

（2）网络社会传播模型与传统传播模型的比较

①传播主体的变化

在传统传播模型中，传播主体主要是专业的媒体机构和记者。他们通过采访、编辑和发布新闻等方式，将信息传递给受众。而在网络社会传播模型中，传播主体更加多元化，普通民众的声音和观点也能够通过社交媒体迅速传播，引起广泛的关注和讨论。这种传播主体的变化使得信息的来源更加丰富和多样，但增加了信息传播的复杂性和不确定性。

②传播渠道的变化

传统传播模型主要依赖报纸、电视、广播等传统媒体渠道进行信息传播。这些渠道的传播范围和影响力受到一定的限制，而且信息的传播速度相对较慢。而在网络社会传播模型中，传播渠道更加多元化，包括社交媒体、博客、论坛、视频网站等。这些渠道的传播范围更广，信息传播速度更快，而且用户可以根据自己的兴趣和需求选择不同的传播渠道。

例如，一些年轻人可能更喜欢通过短视频平台获取信息，而一些专业人士则可能更倾向于通过专业的博客和论坛获取深度的信息和分析。这种传播渠道的变化使得信息的传播更加精准和高效，也满足了不同用户群体的需求。

③传播效果的变化

在传统传播模型中，传播效果主要通过收视率、发行量、点击率等指标来衡量。这些指标往往只能反映信息的传播范围和受众数量，而不能很好地反映信息的影响力和传播效果。而在网络社会传播模型中，传播效果的衡量更加复杂和多元。除了传统的指标外，还可以通过用户的评论、点赞、转发等行为来衡量信息的影响力和传播效果。

例如，一条新闻在社交媒体上被大量用户转发和评论，说明这条新闻引起了用户的共鸣和关注，具有较高的传播效果。这种传播效果的变化使得信息的传播更加注重用户的参与和反馈，也要求传播者更加关注用户的需求和体验。

（3）网络社会传播机制对新闻传播的影响

第一，网络社会传播机制使得新闻生产方式更加多元化。传统的新闻生产主要由专业的媒体机构和记者完成，而在网络社会中，每个人都可以成为新闻的生产者和传播者。用户可以通过社交媒体等平台发布自己的所见所闻和观点，这些内容都可能成为新闻素材。

第二，网络社会传播机制使得新闻传播方式更加多元化和个性化。用户可以根据自己的兴趣和需求选择不同的传播渠道和新闻内容。同时，用户也可以通过评论、点赞、转发等行为参与新闻的传播，使得新闻的传播更加广泛和深入。

第三，网络社会传播机制使得新闻舆论的形成更加复杂和多元化。在传统媒体时代，新闻舆论主要由专业的媒体机构和记者引导。而在网络社会中，每个人都可以参与新闻舆论的形成，用户的观点和意见可以通过社交媒体等平台迅速传播，形成强大的舆论力量。

2.2.2 信息扩散与影响力分析

（1）新媒体环境下信息扩散的特点

①速度快

在新媒体时代，信息的扩散速度呈指数级增长。互联网的普及和社交媒体的广泛应用，使得信息能够在瞬间传播到全球各地。例如，一条热门新闻在社交媒体平台上发布后，可能在几分钟内就被成千上万的用户转发和分享，从而迅速扩散开来。

这种高速扩散的特点，一方面使得新闻能够更快速地传播，提高了信息的时效性；另一方面也增加了信息管理和控制的难度，虚假信息和谣言可能会在短时间内迅速传播，造成不良影响。

②范围广

新媒体的开放性和互动性，使得信息的扩散范围更加广泛。与传统媒体相比，新媒体不受地域和时间的限制，任何人都可以通过网络获取和传播信息。例如，一个发生在偏远地区的事件，通过社交媒体的传播，可能会引起全球范围内的关注。

这种广泛扩散的特点，使得信息能够更快速地传递给不同群体，促进了文化交流和信息共享。但同时带来了信息过载的问题，用户需要花费更多的时间和精力来筛选和辨别信息。

（2）影响信息扩散的因素

①用户的社交网络

用户的社交网络是信息扩散的重要渠道。在社交媒体平台上，用户通过关注、点赞、评论和转发等行为，将信息传递给自己的社交圈子。如果一个用户的社交网络比较广泛，那么他发布的信息就有更大的可能被更多的人看到和传播。

例如，一个拥有大量粉丝的社交媒体名人发布的信息，往往能够迅速扩散开来。此外，用户的社交网络结构也会影响信息的扩散。如果一个用户的社交网络比较紧密，成员之间的互动比较频繁，那么信息在这个网络中的扩散速度就会更快。

②信息的质量和吸引力

信息的质量和吸引力是影响信息扩散的关键因素。如果一条信息具有较高的新闻价值、趣味性或实用性，那么它就更容易引起用户的关注和分享。例如，一条独家新闻、一个有趣的视频或一篇实用的生活小贴士，都可能在社交媒体上迅速传播开来。

此外，信息的表达方式也会影响其吸引力。简洁明了、生动形象的信息更容易被用户接受和传播。例如，一个配有精彩图片或视频的新闻报道，往往比纯文字的报道更具吸引力。

(3) 信息传播的衡量指标

第一，用户的转发、评论和点赞等行为是衡量信息受关注程度的重要指标之一。如果一条信息被大量用户转发、评论和点赞，那么说明它引起了用户的共鸣和关注，具有较高的影响力。例如，一条热门微博可能会被成千上万的用户转发和评论，这些行为不仅扩大了信息的传播范围，也表明了用户对信息的关注度。此外，用户的评论内容也可以反映出信息的影响力。

第二，网络分析等方法可以对信息的传播进行量化分析。通过分析信息在社交网络中的传播路径、传播速度和传播范围等指标，可以评估信息的影响力大小。例如，社交网络分析软件可以绘制出信息在社交网络中的传播路径和传播范围。

(4) 信息扩散与影响力分析的意义

①优化新闻传播策略

通过对信息扩散和影响力的分析，新闻媒体可以了解用户的需求和兴趣，从而优化新闻传播策略。例如，如果发现某个话题在社交媒体上引起了广泛关注，新闻媒体可以及时跟进报道。此外，新闻媒体还可以根据用户的反馈和行为数据，调整新闻的表达方式和传播渠道，提高新闻的传播效果和影响力。

②提高信息管理效率

信息扩散与影响力分析可以帮助信息管理者更好地了解信息的传播规律，从而提高信息管理效率。例如，通过分析虚假信息和谣言的传播路径和传播特点，可以及时采取措施进行辟谣和信息管控，减少不良信息的影响。

此外，信息管理者还可以通过分析用户的信息需求和行为习惯，提供更加个性化的信息服务，提高用户的满意度。

2.2.3 受众行为的网络分析

(1) 受众行为网络分析的重要性

第一，了解受众如何获取信息、如何与他人互动、如何传播信息等行为模式，有助于新闻媒体更好地满足受众需求，提高新闻传播的针对性和有效性。

第二，受众行为的网络分析可以帮助我们了解信息在受众之间的传播过程和规律，以发现信息传播的关键节点和影响因素，为新闻传播策略的制定提供依据。例如，通过分析一条热门新闻在社交媒体上的传播路径，我们可以发现哪些用户起到了关键的传播作用，以及信息是如何从一个小圈子扩散到更大范围的。这有助于新闻媒体在信息传播过程中更好地引导舆论，提高新闻的影响力。

第三，通过了解受众需求和行为模式，新闻媒体可以更好地为受众提供个性化的新闻服务，并不断改进新闻服务质量。

（2）受众行为网络分析的方法

第一，通过分析受众在社交媒体上的社交关系网络，可以了解受众的社交圈子、信息传播路径和影响力分布等。例如，可以使用社交网络分析软件，绘制受众的社交网络图，分析网络的结构特征、节点的中心性和传播影响力等指标。通过对社交网络的分析，可以发现关键的意见领袖和传播节点，为新闻传播策略的制定提供参考。

第二，利用数据挖掘技术，对受众的行为数据进行分析，可以发现受众的行为模式和规律。例如，通过分析受众的浏览历史、搜索关键词、评论内容等数据，可以了解受众的兴趣爱好和关注焦点；通过分析受众的分享行为、转发路径等数据，可以了解信息的传播规律。

第三，实验研究法可以用于验证受众行为的假设和理论。通过设计实验，控制变量，观察受众在不同条件下的行为反应，可以深入了解受众行为的影响因素和机制。例如，设计一个新闻推荐实验，比较不同推荐算法对受众浏览行为的影响；或者设计一个信息传播实验，观察受众在不同社交网络结构下的信息传播行为。实验研究法可以为受众行为的网络分析提供实证依据，提高研究的科学性和可靠性。

2.3　新闻传播机制变革的趋势与特征

2.3.1　传播模式的网络化转型

在新媒体环境下，新闻传播模式发生了深刻的变化，逐渐向网络化转型。传统的线性传播模式中，新闻信息由专业的新闻媒体机构生产，通过报纸、电视、广播等渠道单向地传递给受众。受众在这个过程中处于被动接受的地位，缺乏有效的反馈渠道和互动机会。

然而，随着互联网和社交媒体的兴起，新闻传播模式发生了根本性的转变。信息的传播不再是单向的，而是多向的、互动的。新闻媒体不再是唯一的信息生产者和传播者，普通用户也可以通过社交媒体、博客、短视频等平台发布新闻信息，成为信息的生产者和传播者。

（1）网络化传播模式的特点

①多向传播

在网络化传播模式下，新闻信息可以在多个方向上进行传播。新闻媒体可以将信息传递给受众，受众也可以将信息传递给其他受众，甚至可以将信息反馈给新闻媒体。这种多向传播的特点使得信息的传播更加广泛和迅速，同时也增加了信息的多样性和丰富性。

例如，在社交媒体上，一条新闻可以被用户转发给多个朋友，这些朋友又可以将新闻转发给更多的人，从而形成一个庞大的传播网络。在这个过程中，新闻信息不断地被传播和扩散，影响范围不断扩大。

②互动性强

网络化传播模式的另一个特点是互动性强。受众可以通过评论、点赞、转发等方式与新闻媒体和其他用户互动，表达自己的观点和意见。新闻媒体也可以通过回复评论、开展互动活动等方式与受众互动，增强用户的参与感和忠诚度。

例如，在新闻报道下方的评论区，受众可以发表自己对新闻事件的看法和评论，与其他受众交流和讨论。新闻媒体可以根据受众的评论和反馈，及时调整报道策略和内容，提高新闻的质量和影响力。

③实时性高

互联网和社交媒体的发展使得新闻信息的传播速度大大提高，新闻事件可以在瞬间被传播到全球各地。同时，受众也可以通过手机、平板电脑等移动设备随时随地获取新闻信息，实现了新闻的实时传播。

例如，在突发事件发生时，现场的目击者可以通过手机拍摄照片和视频，并立即上传到社交媒体上，让全球用户第一时间了解事件的进展。这使新闻传播更加及时和有效，能够更好地满足受众的信息需求。

（2）新闻媒体适应网络化传播模式的策略

①加强与用户的互动与合作

新闻媒体要适应网络化传播模式，就必须加强与用户的互动与合作。可以通过开设评论区、开展互动活动、邀请用户参与新闻生产等方式，增强用户的参与感和忠诚度。

例如，新闻媒体可以在社交媒体上开展话题讨论，邀请用户发表自己的观点和意见。同时，也可以邀请用户参与新闻报道的策划和制作，让用户成为新闻的生产者和传播者。

②提高新闻传播的效果和影响力

在网络化传播模式下，新闻媒体要提高新闻传播的效果和影响力，就必须注重新闻内容的质量和创新。可以通过采用多媒体形式、开展深度报道、挖掘独家新闻等方式，提高新闻的吸引力和可读性。

例如，新闻媒体可以采用图片、视频、音频等多种形式，对新闻事件进行全方位的报道。同时，也可以开展深度报道，挖掘新闻事件背后的故事和真相，提高新闻的价值和影响力。

③培养专业的新媒体人才

网络化传播模式对新闻媒体的人才提出了更高的要求。新闻机构要适应网络化传播模式，就必须培养专业的新媒体人才，具备新媒体技术应用、数据分析、互动营销等方面的能力。

例如，新闻媒体可以通过开展内部培训、引进外部人才等方式，提高员工的新媒体素养和专业能力。同时，也可以与高校、科研机构等合作，开展新媒体人才培养项目，为新闻媒体的发展提供人才支持。

2.3.2　受众角色的多元化发展

（1）新媒体环境下受众角色的转变

第一，新媒体平台为受众提供了便捷的内容创作工具和发布渠道，使得受众能够轻松地生产新闻内容。受众可以通过社交媒体、博客、短视频平台等，分享自己的所见所闻、观点和经验，成为新闻的生产者。

第二，受众在新媒体环境下不仅可以生产新闻，还可以积极传播新闻。通过分享、转发、推荐等方式，受众将自己感兴趣的新闻内容传播给更多的人，扩大了新闻的传播范围。

第三，新媒体平台为受众提供了发表评论和意见的空间，受众可以对新闻内容进行评价、分析和讨论。受众的评论不仅可以丰富新闻的内涵，还可以影响其他受众对新闻的理解和看法。

（2）新闻媒体应对受众角色多元化发展的策略

①积极引导受众参与新闻传播

新闻媒体应该积极引导受众参与新闻传播，为受众提供更多的参与机会和平台。可以通过举办新闻选题征集、新闻线索提供等活动，鼓励受众参与新闻的生产和传播。同时，新闻媒体也可以通过开设互动栏目、举办在线讨论等方式，增强与受众的互动和交流。

例如，新闻媒体可以在官方网站、社交媒体平台上开设互动栏目，邀请受众参与新闻话题的讨论和评价。同时，新闻媒体也可以举办在线讨论活动，邀请专家和受众一起讨论社会热点问题，提高受众的参与度和认同感。

②提高新闻媒体的服务意识

新闻媒体应该提高服务意识，为受众提供更好的新闻服务。可以通过优化新闻内容的呈现方式、提高新闻的可读性和可看性等方式，满足受众获取信息的需求。同时，新闻媒体也可以通过及时回复受众的评论和私信、解答受众的问题等方式，增强受众的信任感和满意度。

第二篇　变革与创新

第3章　内容生产与创新：新媒体环境下的新闻制作

3.1　数字化转型与新闻内容创新

3.1.1　传统媒体的数字化挑战与机遇

（1）传统媒体面临的数字化挑战

①受众流失

新媒体的快速发展吸引了大量年轻受众，他们更倾向于通过社交媒体、新闻客户端等数字化平台获取新闻信息。这导致传统媒体的受众数量逐渐减少，尤其是报纸、广播等传统媒体的受众流失较为严重。例如，一些年轻人可能很少阅读报纸，而是通过手机上的新闻 APP 来了解新闻。传统媒体需要思考如何吸引这些年轻受众，避免受众群体的进一步萎缩。

②广告收入下降

随着受众向数字化平台转移，广告商也将更多的广告预算投向了新媒体。这使得传统媒体的广告收入大幅减少，给传统媒体的生存和发展带来了巨大压力。例如，一些企业可能更愿意在社交媒体上投放广告，因为这些平台可以更精准地定位目标受众，提高广告投放效果。传统媒体需要寻找新的商业模式，以弥补广告收入的减少。

③技术更新换代快

数字化时代，技术更新换代速度非常快。传统媒体需要不断投入资金和人力进行技术升级，以适应新媒体环境的发展需求。然而，传统媒体在技术研发和应用方面往往相对滞后，难以与互联网公司等新媒体企业竞争。例如，新媒体平台可以利用大数据和人工智能技术进行个性化推荐，提高用户体验。传统媒体需要加强技术创新，提升自身的数字化水平。

（2）传统媒体数字化转型的机遇

①拓展传播渠道

数字化转型为传统媒体提供了更多的传播渠道。传统媒体可以通过建设自己的网站、新闻客户端、社交媒体账号等，将新闻内容传播到更广泛的受众群体中。例如，报纸可以将新闻内容发布到自己的网站和 APP 上，同时在微博、微信等社交媒体平台上进行推广，扩大新闻的影响力。

②创新新闻形式

数字化技术为新闻内容的创新提供了更多的可能性。传统媒体可以利用多媒体技术，如图片、视频、音频等，丰富新闻的表现形式，提高新闻的吸引力。例如，电视台可以制作短视频新闻，在社交媒体上进行传播。

③提高用户参与度

数字化平台为用户提供了更多与媒体互动的机会。传统媒体可以通过社交媒体、在线评论等方式，与用户进行互动，了解用户的需求和反馈，提高用户的参与度和忠诚度。例如，新闻媒体可以在社交媒体上发起话题讨论，邀请用户发表自己的观点和看法；或者通过在线调查，了解用户对新闻事件的关注度和态度。

④数据驱动的新闻生产

数字化转型使得传统媒体可以收集和分析大量的用户数据，从而实现数据驱动的新闻生产。传统媒体通过分析用户的阅读习惯、兴趣爱好等数据，可以更好地了解用户需求，为用户提供个性化的新闻服务。

3.1.2 数字新闻产品设计原则与实践

（1）用户体验至上

在数字新闻产品的设计中，用户体验是至关重要的。新闻媒体需要从用户的角度出发，设计简洁、易用、美观的产品界面，提供快速、准确、个性化的新闻服务，满足用户的需求和期望。例如，新闻客户端应该具备简洁明了的导航栏、快速加载的新闻页面、个性化的推荐功能等，让用户能够轻松地找到自己感兴趣的新闻内容。同时，新闻媒体还可以通过用户反馈、数据分析等方式不断优化用户体验。

（2）内容为王

无论在传统媒体时代还是数字媒体时代，内容始终是新闻产品的核心竞争力。数字新闻产品的设计应该以优质的新闻内容为基础，通过创新的表现形式和传播方式，提高新闻内容的吸引力和影响力。例如，新闻媒体可以采用多媒体融合的方式，如文字、图片、视频、音频等相结合，呈现更加丰富、生动的新闻内容。同时，新闻媒体还可以加强深度报道等，为用户提供有价值的新闻分析和观点。

（3）进行技术选型和开发

数字新闻产品的设计需要选择合适的技术手段进行开发。新闻媒体可以根据产品的功能需求和技术实力选择合适的技术平台和开发工具。例如，选择新闻客户端的开发平台时，可以考虑使用原生开发或混合开发；选择技术工具时，可以考虑使用大数据分析工具、人工智能写作工具、虚拟现实开发工具等。

（4）进行测试和优化

在数字新闻产品开发完成后，新闻媒体需要进行测试和优化，确保产品的质量和性能。新闻媒体通过用户测试、性能测试、安全测试等方式可以发现产品存在的问题，并及时进行优化和改进。例如，邀请用户进行产品试用，收集用户的反馈意见；进行性能测试，优化产品的加载速度和稳定性；进行安全测试，确保产品的数据安全和用户隐私。

3.1.3　多媒体与跨媒体叙事的融合

图片、视频、音频等多媒体元素能够为新闻增添生动性和直观性，使新闻更具吸引力。相比单一的文字报道，多媒体新闻能够更好地吸引读者的注意力，激发他们的阅读兴趣。并且，多媒体元素可以为新闻提供更多的证据和支持，提高新闻的可信度。而跨媒体叙事可以利用不同媒体平台的优势，将新闻传播到更广泛的受众群体中。

在进行多媒体与跨媒体叙事之前，新闻媒体首先需要确定新闻主题和叙事角度。新闻主题应该具有一定的吸引力和关注度，叙事角度应该新颖独特，能够引起读者的兴趣。例如，对于一个社会热点问题，可以从不同的角度进行报道，如事件的背景、原因、影响等，同时结合多媒体元素，为读者提供更加全面的新闻视角。其次，新闻媒体需要根据新闻主题和叙事角度选择合适的媒体平台进行跨媒体叙事。不同的媒体平台具有不同的特点和优势。例如，对于一个视觉效果较强的新闻事件，可以重点选择在视频平台上进行报道；对于一个需要深度分析的新闻事件，可以重点选择在报纸或网站上进行报道。最后，在进行跨媒体叙事时，新闻媒体需要整合图片、视频、音频等多媒体元素，为新闻增添生动性和直观性。多媒体元素的整合应该与新闻的主题和叙事角度相契合，不能为了追求效果而滥用多媒体元素。例如，在报道一个历史事件时，可以配上当时的图片和音频资料，让读者更加直观地了解历史背景；在报道一个科技新闻时，可以配上相关的视频演示，让读者更好地理解科技原理。

3.2 用户生成内容（UGC）的兴起与影响

3.2.1 UGC 的定义、特点与类型

（1）UGC 的定义

用户生成内容（User-Generated Content，简称 UGC）是指由普通用户而非专业媒体机构或人员创作的内容。这些内容可以通过各种渠道发布和传播，包括社交媒体平台、博客、视频分享网站等。UGC 的形式多样，可以是文字、图片、视频、音频等。UGC 的创作者来自不同的背景和领域，他们可以分享自己的经验、观点、知识和创意，从而为新闻媒体提供丰富的新闻素材和观点。

（2）UGC 的类型

①文字类 UGC

文字类 UGC 是最常见的一种 UGC 形式，包括博客、微博、论坛帖子、评论等。文字类 UGC 通常具有较强的表达力和思想性，可以为新闻媒体提供深入的分析和观点。一些专业人士可以通过博客分享自己对某个行业的见解和分析，为新闻媒体提供有价值的参考。

②图片类 UGC

图片类 UGC 包括照片、插画、漫画等。图片类 UGC 通常具有较强的视觉冲击力和感染力，可以为新闻媒体提供生动的新闻素材。在一些自然灾害中，现场的照片可以让人们更直观地了解灾害的严重程度和影响。

③视频类 UGC

视频类 UGC 包括短视频、直播、纪录片等。视频类 UGC 通常具有较强的娱乐性和互动性，可以为新闻媒体提供丰富的新闻素材和观点。一些用户可以通过短视频分享自己的生活趣事和才艺表演，一些用户则可以通过直播报道一些突发事件和社会热点问题。

④音频类 UGC

音频类 UGC 包括音乐、广播剧、有声读物等。音频类 UGC 通常具有较强的情感感染力和陪伴性，可以为新闻媒体提供多样化的新闻素材和观点。一些音乐创作者可以通过音乐表达自己对社会问题的关注和思考，为新闻媒体提供有价值的参考。

3.2.2　UGC 在新闻传播中的角色与功能

在新闻传播中，UGC 常常成为新闻线索的重要来源。普通用户在日常生活中可能会偶然遇到突发事件、社会热点问题或有趣的现象，他们通过社交媒体、视频平台等渠道发布的内容，往往能够第一时间引起新闻媒体的关注。

在新闻传播中，真实性和可信度是至关重要的。UGC 可以在一定程度上增强新闻的真实性和可信度。一方面，大量的 UGC 内容可以相互印证，为新闻事件提供更多的证据和支持。另一方面，用户的亲身经历和见证可以使新闻更加贴近实际、贴近生活，增加新闻的可信度。

在一些争议性较大的新闻事件中，不同用户发布的 UGC 内容可能会呈现出不同的观点和立场。例如，一些权威机构、专业人士或知名人士发布的 UGC 内容，也可以为新闻的真实性和可信度提供保障。例如，科学家在社交媒体上发布的关于科学研究的最新进展，医生在网络上分享的医疗知识和经验等，都具有较高的权威性和可信度。

此外，UGC 在新闻传播中的另一个重要作用是促进受众的参与和互动。在新媒体时代，受众不再是被动的信息接收者，他们渴望参与到新闻的生产和传播过程中。社交媒体平台为受众提供了机会，使他们能够通过发布自己的观点、评论、照片、视频等方式，积极参与到新闻传播中来。

3.2.3　UGC 的监管、伦理与法律问题

（1）监管问题

首先，UGC 的一大特点是由普通用户创作，他们往往缺乏专业的新闻素

养和核实信息的能力。这就导致了大量虚假信息、谣言可能在社交媒体平台上迅速传播，给社会带来不良影响。而平台在面对海量的 UGC 内容时，难以做到全面、及时地核实每一条信息的真实性，这给监管带来了巨大挑战。其次，用户在创作和发布内容时，可能会涉及侵犯知识产权、隐私权、名誉权等法律问题。比如，未经授权使用他人的作品、公开他人的私人信息等，甚至会有一些不良内容，如包含暴力、色情、恐怖等情节的内容也可能迅速传播开来，这则是违法犯罪行为。

因此，UGC 的内容形式多样，但质量参差不齐，缺乏统一的标准和规范。这也影响了信息传播的质量和效果。

（2）伦理问题

UGC 的大量涌现导致信息过载，用户在海量的内容中难以分辨真假、好坏，容易陷入价值迷失。一些低质量、无价值的内容可能会占据大量的传播资源，而真正有意义的内容却被淹没。

部分用户在创作和发布内容时，缺乏道德责任感，可能会发布一些不恰当、不道德的内容，例如恶意攻击他人、传播不良价值观等。由于社交平台的匿名性，一些用户可能会更加肆无忌惮地违反道德规范，这给社会风气带来负面影响。

（3）法律问题

当用户发布的内容侵犯他人权益时，平台是否应该承担连带责任？新闻媒体在使用 UGC 内容时，又应该承担怎样的审查义务？

UGC 跨越了不同的地域和领域，涉及多种法律关系。不同国家和地区的法律规定也存在差异，这使得法律适用变得复杂。例如，一个跨国 UGC 可能会同时涉及多个国家的法律，在处理相关法律问题时，需要考虑不同法律体系的冲突和协调。

（4）应对措施

①建立严格的审核机制

新闻机构应设立专门的审核部门，对 UGC 进行严格的筛选和核实。可以利用技术手段，如人工智能、大数据等，提高审核效率和准确性。制定明确的审核标准，对内容的真实性、合法性和规范性进行全面评估。

②加强与用户的沟通和引导

平台可以通过各种渠道，向用户普及法律知识和道德规范，提高用户的法律意识和道德水平。建立用户反馈机制，鼓励用户举报不良内容。平台还应建立健全的用户信用体系，对违规用户进行处罚，提高用户的自律意识。

③推动法律法规的完善

政府和相关部门应加快制定和完善针对 UGC 的法律法规，明确各方的权利和义务，为 UGC 的监管提供有力的法律保障；加强国际合作，共同应对跨国 UGC 带来的法律问题。

3.3　新闻内容创新策略与技术应用

3.3.1　个性化推荐系统的设计原理

（1）用户建模

①收集用户数据

通过用户注册信息、浏览历史、搜索记录、点赞、评论、分享等行为数据，了解用户的兴趣偏好和行为习惯。例如，用户经常浏览体育新闻，并且对特定球队的新闻进行点赞和评论，系统就可以推断出该用户对体育尤其是特定球队的内容感兴趣。

②构建用户画像

根据收集到的用户数据，构建用户画像。用户画像通常包括用户的基本信息（如年龄、性别、地域等）、兴趣标签（如体育、娱乐、科技等）、行为特征（如阅读时间、阅读频率等）。比如，一个年轻的男性用户，来自北京，经常在晚上浏览科技新闻，那么他的用户画像可能就包括“年轻男性”“北京用户”“科技爱好者”“夜猫子”等标签。

（2）内容分析

①文本分析

对新闻内容进行文本分析，提取关键信息和主题。可以使用自然语言处理技术，如词法分析、句法分析、语义分析等，识别新闻的标题、关键词、摘要等。例如，一篇关于“人工智能在医疗领域的应用”的新闻，可以提取出“人工智能”“医疗”等关键词。

②分类和标签化

根据文本分析的结果，对新闻内容进行分类和标签化。分类可以按照新闻的主题、领域进行，如体育、娱乐、科技等；标签可以更加具体地描述新闻的特点，如“足球比赛”“明星八卦”“科技创新”等。这样，系统可以根据用户的兴趣标签，快速匹配相应的新闻内容。

（3）推荐算法

①协同过滤算法

协同过滤算法是个性化推荐系统中常用的算法之一。它分为基于用户的协同过滤和基于物品的协同过滤。基于用户的协同过滤是找到与目标用户兴趣相似的其他用户，然后将这些用户喜欢的新闻推荐给目标用户。例如，如果用户 A 和用户 B 都喜欢体育新闻，并且用户 B 还喜欢某一篇特定的体育新闻，那么系统就可以将这篇新闻推荐给用户 A。

基于物品的协同过滤是找到与目标用户已经点赞的新闻相似的其他新闻，然后推荐给用户。比如，如果用户点赞一篇关于足球比赛的新闻，系统就可以推荐其他关于足球比赛的新闻。

②内容推荐算法

内容推荐算法是根据新闻的内容特征和用户的兴趣标签进行推荐。它通过计算新闻内容与用户兴趣的相似度，来确定推荐的新闻。例如，如果用户的兴趣标签是“科技”，那么系统就会推荐与科技相关的新闻内容。

③混合推荐算法

为了提高推荐的准确性和多样性，个性化推荐系统通常会采用混合推荐算法，将协同过滤算法和内容推荐算法结合起来。例如，先使用协同过滤算法找到与目标用户兴趣相似的用户，然后再根据这些用户喜欢的新闻内容，使用内容推荐算法进一步筛选和推荐新闻。

3.3.2 数据新闻、可视化与传播效果

数据新闻以直观的图表、图形等形式呈现新闻事件，使复杂的数据变得易于理解。例如，在报道人口增长趋势时，通过柱状图或折线图可以清晰地展示不同年份的人口数量变化，让读者一目了然。这种直观性能够帮助读者快速抓住新闻的核心内容，提高阅读效率。

可视化技术将抽象的数据转化为直观的图表、图形等形式，大大提高了

数据的可读性。对于那些不擅长阅读数字和表格的读者来说，可视化的呈现方式更容易理解和接受。例如，用地图展示不同地区的疫情分布情况，用饼图展示不同年龄段人群的消费结构等，都能让读者更轻松地获取信息。

此外，精美的可视化图表和图形能够吸引读者的注意力，增加新闻的吸引力。相比纯文字的新闻报道，可视化的数据新闻更容易在众多信息中脱颖而出。例如，动态的数据可视化作品可以通过动画效果和交互设计，让读者更加深入地了解新闻内容，提高阅读的趣味性。

然而，数据新闻的准确性依赖于高质量的数据。在实际操作中，数据的收集和整理可能存在误差、不完整等问题。因此，为了确保数据质量，记者需要对数据来源进行严格的审核，选择可靠的数据提供商，并对数据进行仔细的清洗和验证。

制作高质量的可视化图表需要一定的设计技能和专业知识。记者不仅要掌握数据可视化工具的使用方法，还要具备良好的审美能力和设计思维。为了提高可视化设计水平，记者可以参加相关的培训课程，学习数据可视化的基本原则和技巧，同时也可以借鉴优秀的可视化作品，不断提升自己的设计能力。

数据新闻和可视化技术不断发展，新的工具和方法层出不穷。记者需要不断学习和掌握新的技术，以适应不断变化的新闻环境。新闻媒体也可以加强对技术人才的培养和引进，建立专门的数据新闻团队，提高新闻机构的技术实力。

3.3.3　虚拟现实（VR）与增强现实（AR）技术的融合应用

（1）VR 和 AR 技术的特点

①沉浸感

VR 技术通过创建虚拟环境，使用户完全沉浸其中。在新闻报道中，用户可以仿佛置身于新闻事件现场，亲身体验事件的发生过程。例如，对于重大自然灾害的报道，用户可以通过 VR 设备感受灾区的破坏情况和救援场景，增强对事件的认知和理解。

AR 技术则是在现实世界中叠加虚拟信息，为用户提供更加丰富的体验。例如，在体育赛事报道中，AR 技术可以在屏幕上显示运动员的实时数据和比赛信息，让用户在观看比赛的同时获取更多的资讯。

②交互性

VR 和 AR 技术允许用户与虚拟环境或虚拟信息进行交互。用户可以通过手势、语音等方式控制虚拟场景中的物体或获取更多信息。这种交互性增加了用户的参与感和兴趣。例如，在历史文化类新闻报道中，用户可以通过 AR 技术与虚拟的历史文物进行互动，了解文物的详细信息和历史背景。

③直观性

VR 和 AR 技术可以将复杂的新闻事件以更加直观的形式呈现给用户。通过三维模型、动画等手段，用户可以更容易地理解新闻内容。例如，在科技新闻报道中，VR 和 AR 技术可以展示新产品的内部结构和工作原理，让用户对产品有更深入的了解。

（2）VR 和 AR 技术在新闻制作中的应用

①新闻现场还原

新闻媒体可以利用 VR 和 AR 技术还原新闻事件现场，让用户身临其境地感受事件的发生过程。例如，对于战争、灾难等重大事件的报道，通过 VR 和 AR 技术可以让用户更加直观地了解事件的严重性和影响。

同时，新闻媒体还可以在虚拟环境中添加注释、解说，帮助用户更好地理解新闻内容。

②数据可视化

VR 和 AR 技术可以将新闻中的数据以更加生动、直观的形式呈现出来。例如，通过三维图表、动画等方式展示经济数据的变化趋势，让用户更容易理解数据的含义。

此外，AR 技术还可以在现实场景中叠加数据信息，为用户提供更加丰富的信息体验。例如，在城市规划报道中，AR 技术可以在现实的城市景观中展示未来的规划方案，让用户更加直观地了解规划的效果。

③互动新闻报道

VR 和 AR 技术为新闻报道带来了更多的互动性。用户可以通过与虚拟环境或虚拟信息的互动，参与到新闻报道中来。例如，在选举报道中，用户可以通过 VR 和 AR 技术了解候选人的政策主张，并进行模拟投票，增强对选举的参与感和关注度。

互动新闻报道还可以通过用户的参与和反馈，为新闻媒体提供更多的新闻线索和报道角度。

（3）VR 和 AR 技术融合应用的挑战与前景

①技术挑战

VR 和 AR 技术目前还存在一些技术难题，如设备成本高、佩戴不舒适、画面质量有待提高等。这些问题限制了 VR 和 AR 技术在新闻制作中的广泛应用。此外，VR 和 AR 技术的开发和制作需要专业的技术人才和设备，对于新闻媒体来说也是一个挑战。

②内容创作挑战

VR 和 AR 技术的应用需要全新的内容创作方式和思维模式。新闻媒体需要培养专业的 VR 和 AR 内容创作团队，探索适合 VR 和 AR 技术的新闻报道形式和叙事方式。同时，VR 和 AR 内容的制作成本较高，需要新闻媒体在内容创作上进行合理的投入和规划。

③前景展望

尽管 VR 和 AR 技术在新闻制作中还面临一些挑战，但随着技术的不断发展和成熟，它们的应用前景非常广阔。未来，VR 和 AR 技术将与人工智能、大数据等技术相结合，为新闻制作带来更多的创新和突破。同时，随着设备成本的降低和用户体验的不断提高，VR 和 AR 有望成为新闻媒体的重要传播手段。

第4章 传播渠道与平台：新媒体环境下的新闻分发

4.1 社交媒体平台成为新闻传播的核心

4.1.1 社交媒体的新闻传播功能与特性

（1）传播速度快

社交媒体平台以其高效的信息传播机制，实现了新闻的极速扩散。在这个数字化的时代，人们几乎可以在事件发生的瞬间便通过社交媒体了解到最新动态。无论是突发的自然灾害、社会热点事件还是娱乐界的热门新闻，社交媒体用户往往能够第一时间将现场情况通过文字、图片、视频等形式分享出来。

此外，社交媒体平台的算法推荐系统也进一步加速了新闻的传播。一旦某个话题或事件引起了广泛关注，算法会迅速将相关内容推送给更多的用户，从而形成连锁反应，使新闻在短时间内获得极高的曝光度。

（2）互动性强

社交媒体平台为用户提供了一个高度互动的新闻传播环境，这是其区别于传统渠道的重要特征之一。用户不再是被动的新闻接收者，而是可以积极参与到新闻的讨论和传播中来。

一方面，用户可以在社交媒体平台上对新闻事件发表自己的观点和意见，与其他用户进行交流和互动。这种互动不仅丰富了新闻的内容，也为不同观点的碰撞提供了平台，有助于人们从多个角度看待问题。例如，在一场重要的体育赛事结束后，球迷们可以在社交媒体上热烈讨论比赛结果、球员表现等话题，分享自己的喜悦或遗憾。这种互动性使得新闻不再是单一的信息传递，而是成为一个充满活力的社交活动。

另一方面，新闻媒体也可以通过社交媒体与用户互动，了解用户的需求和反馈。媒体可以根据用户的评论和建议提高新闻的质量和针对性。同时，媒体还可以通过社交媒体平台开展调查、投票等活动，增强用户的参与感和忠诚度。

（3）信息量大

社交媒体上的信息来源极为广泛。除了专业的新闻媒体机构外，自媒体创作者、普通用户等都可以成为信息的发布者。这使得社交媒体上的信息覆盖了各个领域、各个层面，满足了不同用户的多样化需求。例如，一些小众的文化活动、地方新闻等信息通过传统渠道难以获得足够的关注，但在社交媒体平台上却可以通过用户的分享而被更多人知晓。

社交媒体平台的信息更新速度极快。由于用户可以随时发布信息，所以社交媒体平台上的信息始终处于不断更新的状态。这使用户可以及时了解事件的最新进展，掌握最前沿的资讯。

然而，社交媒体平台作为信息传播核心平台也面临一些挑战。其一，信息真实性难以保证。由于信息来源广泛且发布门槛低，虚假信息、谣言容易在社交媒体上传播，误导公众。其二，信息过载可能导致用户难以筛选有价值的信息内容，浪费时间和精力。其三，过度的互动可能引发网络暴力和舆论极化等问题，影响网络环境和谐稳定。

4.1.2　用户行为的变迁与分析

（1）用户行为的个性化趋势

①兴趣导向的新闻选择

随着信息的爆炸式增长，用户越来越倾向于根据自己的兴趣爱好进行选择。

例如，一个喜欢旅游的用户会主动关注旅游相关的媒体账号或话题标签，以便及时了解各地的旅游景点推荐、旅游攻略分享等信息；而一个对美食有浓厚兴趣的用户，则会关注美食博主和美食新闻，获取最新的美食资讯和餐厅推荐。这种兴趣导向的新闻选择方式，使得用户能够更加深入地了解自己感兴趣的领域，满足自己的个性化需求。

②定制化的新闻服务

为了满足用户的个性化需求，一些新闻媒体和社交媒体平台开始提供定制化的新闻服务。用户可以根据自己的兴趣爱好和需求，定制自己的新闻推送内容和格式。例如，一些新闻应用程序允许用户选择自己感兴趣的新闻类别、关键词、地区等，以便平台能够为其推送更加精准的新闻资讯。同时，一些平台还提供了个性化的新闻排版和阅读模式，用户可以根据自己的喜好进行设置，提高阅读的舒适度和效率。这种定制化的新闻服务，进一步满足了用户的个性化需求，提升了用户的新闻消费体验。

③小众新闻的崛起

一些受众范围有限的小众领域和话题，在社交媒体平台上却能够找到更多的受众群体。比如，一些冷门的艺术形式、小众的运动项目、特定的文化群体等，都可以通过社交媒体平台获得更多的关注度和传播度。这些小众新闻满足了一部分用户的特殊兴趣和需求，丰富了新闻消费的内容和形式。同时，小众新闻的崛起也反映了用户新闻消费需求的多元化和个性化趋势。

（2）用户行为变迁带来的机遇

①创新新闻传播模式

用户行为的改变为新闻媒体和社交媒体平台提供了创新新闻传播模式的机遇。通过利用社交媒体的互动性、个性化推荐等特点，新闻媒体可以创新新闻报道的形式和内容，提高新闻的传播效果和影响力。新闻媒体可以通过直播、短视频、互动图表等形式，为用户提供更加生动、直观的新闻体验。同时，新闻媒体还可以利用社交媒体平台开展调查、投票等活动，增强用户的参与感和忠诚度。

②拓展新闻消费市场

通过满足不同用户的新闻消费需求，新闻媒体和社交媒体平台可以吸引更多的用户，提高市场份额。新闻媒体可以针对不同的用户群体推出不同类型的新闻产品和服务。同时，新闻媒体还可以与其他行业进行合作，拓展新闻消费的场景和领域，提高自身的商业价值。

4.1.3 新闻真实性的维护

（1）社交媒体对新闻真实性的影响

首先，社交媒体的低门槛和快速传播特性，使得虚假新闻极易产生并迅速扩散。任何人都可以在社交媒体上发布信息，而无须经过专业的审核和验证。一些别有用心的人可能会故意制造虚假新闻，以达到特定的目的，如吸引眼球、获取经济利益或制造社会混乱。例如，在一些重大事件发生后，往往会有大量未经证实的消息在社交媒体上流传。这些虚假新闻可能会误导公众，影响公众对事件的正确判断。其次，社交媒体上的信息通常是碎片化的，用户往往只获取到部分信息，而难以全面了解事件的全貌。这种信息碎片化可能会导致用户对事件的理解出现偏差，从而影响其对事件的评价。例如，一条简短的社交媒体帖子可能只包含事件的一部分信息，而用户在没有获取到完整信息的情况下，可能会对事件做出错误的判断。

（2）维护新闻真实性的措施

①新闻机构的自查

新闻机构应加强对社交媒体平台上信息的核实和监管。在采用社交媒体上的信息时，应进行严格的审核和验证，确保信息的真实性和可靠性。同时，新闻媒体还应建立健全的内部管理制度，加强对记者和编辑团队的培训和管理，提高他们的职业素养和道德水平。例如，一些新闻机构成立了专门的监测团队，对社交媒体上的新闻信息进行实时监测和核实，确保发布的新闻真实可信。

②社交媒体平台的管理与监督

社交媒体平台应加强自身的管理和监督，采取有效的措施打击虚假新闻和谣言的传播。平台可以通过技术手段，如人工智能、大数据等，对用户发布的信息进行筛选和审核，及时删除虚假信息。同时，平台还应建立用户举报机制，鼓励用户举报虚假新闻和谣言，共同维护新闻的真实性。

比如，一些社交媒体平台推出了“事实核查”功能，对一些热点事件进行核实和辟谣，为用户提供真实的信息。例如，抖音平台为了打击“不择手段蹭炒社会热点”“自导自演式造假”等违规行为，实行了热点内容核实机制。

③提高用户的媒介素养

提高用户的媒介素养是维护新闻真实性的重要环节。用户应学会辨别虚假新闻和谣言，不轻易相信和传播未经证实的信息。同时，用户还应增强自己的批判性思维能力，对新闻信息进行深入分析和思考，不被表面现象所迷惑。例如，学校和社会可以通过开展媒介素养教育活动，提高用户的媒介素养水平。新闻媒体也可以通过发布一些辨别虚假新闻的指南和方法，帮助用户提高辨别能力。

4.2 移动新闻应用与平台的发展

4.2.1 用户需求、偏好与移动新闻服务

在移动互联网时代，移动新闻服务已成为人们获取信息的重要渠道。了解用户的需求和偏好，对于提供优质的移动新闻服务至关重要。

（1）用户对移动新闻服务的需求

①及时的新闻信息

在快节奏的现代生活中，用户希望能够第一时间获取到最新的新闻资讯。无论是突发的重大事件、时事热点还是身边的民生动态，及时的新闻推送能够让用户随时了解世界的变化。

②准确的新闻内容

准确性是新闻的生命，用户对移动新闻服务的信任建立在新闻内容的准确性之上。他们希望获取到真实、客观、可靠的新闻信息。新闻媒体应加强对新闻来源的审核和验证，确保发布的新闻内容准确无误。例如，在报道重大事件时，应引用权威的消息来源，进行深入的调查和核实，为用户提供准确的新闻解读。

③有价值的新闻信息

用户不仅关注新闻的及时性和准确性，还期望获得有价值的新闻内容。有价值的新闻可以帮助用户拓宽视野、增长知识、启发思考，满足他们对信息的深度需求。例如，一些深度报道、专题分析和专家评论等能够为用户提供更全面、深入的新闻视角，满足他们对有价值新闻的需求。

④个性化的推荐服务

随着信息的爆炸式增长，用户面临着信息过载的问题。个性化的推荐服务能够根据用户的兴趣爱好、阅读历史和行为习惯等因素，为用户推荐符合其需求的新闻内容，提高他们获取信息的效率。

⑤良好的用户体验

用户在使用移动新闻服务时，期望获得良好的用户体验。这包括简洁易用的界面设计、快速的加载速度、流畅的阅读体验等。同时，用户也希望能够方便地进行新闻分享、评论和收藏等操作，与其他用户互动交流。

（2）根据用户需求和偏好优化移动新闻服务

①加强新闻内容的质量控制

新闻机构应建立严格的新闻采编流程，加强对新闻内容的审核和验证，确保新闻的及时性、准确性和有价值性。同时，应加强对记者和编辑的培训，提高他们的专业素养和职业道德水平，为用户提供高质量的新闻服务。

②提供个性化的推荐服务

利用大数据分析和人工智能技术，深入了解用户的需求和偏好，为用户提供个性化的新闻推荐服务。通过不断优化推荐算法，提高推荐的准确性和针对性，让用户能够更快速地找到自己感兴趣的新闻内容。

③优化用户体验

注重移动新闻应用程序的界面设计和用户交互体验，提供简洁易用的操作界面和流畅的阅读体验。同时，应加强技术研发，提高新闻加载速度，减少卡顿和闪退等问题。此外，还应积极开展用户反馈收集和分析工作，根据用户的意见和建议不断改进服务。

④创新新闻形式和内容

根据用户的偏好，创新新闻形式和内容，提供多样化的新闻产品。例如，推出短视频新闻、直播新闻、互动新闻等新型新闻形式，满足用户对不同新闻形式的需求。同时，应加强对新闻主题的策划和深度挖掘，为用户提供更有价值的新闻内容。

4.2.2　移动新闻平台的商业模式与创新

（1）移动新闻平台的主要商业模式

①广告模式

展示广告：在移动新闻平台的页面上展示各类广告，包括横幅广告、弹窗广告、插屏广告等。这种广告形式较为传统，通常以图片、文字或视频的形式呈现，能够吸引用户的注意力。例如，在新闻页面的顶部或底部放置横幅广告，当用户浏览新闻时会看到这些广告。

原生广告：将广告内容与新闻内容融合，使其看起来更像是新闻的一部分。原生广告的形式更加自然，不会给用户带来过多的干扰，同时也能够提高广告的点击率和转化率。比如，以新闻报道的形式介绍一款新产品，或者在新闻列表中插入与新闻主题相关的广告推荐。

互动广告：通过互动的方式吸引用户参与，如问答广告、抽奖广告等。互动广告能够增加用户的参与度和趣味性，提高广告的效果。例如，设置一个与新闻内容相关的问答环节，用户回答正确后可以获得奖励或优惠券。

②付费订阅模式

全订阅模式：用户需要支付一定的费用才能访问移动新闻平台的全部内容。这种模式通常适用于提供高质量、独家新闻内容的平台，能够吸引那些对新闻品质有较高要求的用户。例如，一些专业的财经新闻平台或科技新闻平台，通过提供深度报道和专业分析，吸引用户付费订阅。

部分订阅模式：用户可以选择订阅移动新闻平台的部分内容，如特定的栏目、专题或作者的文章。这种模式更加灵活，能够满足用户的个性化需求。例如，用户可以只订阅自己感兴趣的体育栏目或娱乐专题，而不必支付全订阅的费用。

会员服务：除了提供新闻内容外，一些移动新闻平台还会为付费会员提供一些额外的服务，如无广告阅读、专属内容、优先推送等。会员服务能够提高用户的忠诚度和满意度，同时也为平台带来更多的收入。例如，一些新闻平台为会员提供专属的深度报道、专家解读和线下活动等服务。

③内容合作模式

与传统媒体合作：移动新闻平台与传统媒体合作，获取其新闻内容的授权，扩大自己的内容资源。同时，传统媒体也可以借助移动新闻平台的技术和用户资源，拓展自己的传播渠道。例如，一些移动新闻平台与报纸、电视台等传统媒体合作，共同推出新闻产品。

与自媒体合作：移动新闻平台可以与自媒体创作者合作，邀请他们在平台上发布内容，为平台带来更多的优质内容和用户流量。同时，自媒体创作者也可以通过平台获得更多的曝光机会和收益。例如，一些新闻平台与知名的自媒体博主合作，推出独家专栏或视频节目。

与企业合作：移动新闻平台与企业合作，为企业提供品牌推广、内容营销等服务。企业可以通过在新闻平台上发布广告、赞助新闻活动等方式，提高自己的品牌知名度和影响力。例如，一些企业与新闻平台合作，推出定制化的专题或活动，宣传自己的产品和服务。

（2）移动新闻平台的商业模式创新

①大数据和人工智能技术的应用

利用大数据分析用户的兴趣爱好、行为习惯等信息，实现精准广告投放。通过人工智能算法，将广告与用户的需求进行匹配，提高广告的点击率和转化率。例如，根据用户的浏览历史和搜索记录，为用户推荐与其兴趣相关的广告产品。

②付费会员服务的创新

分层会员服务：根据用户的需求和付费能力，提供不同层次的会员服务。例如，设置普通、高级和 VIP 等不同会员级别，每个级别享受不同的服务和权益。普通会员可以享受无广告阅读、基本的专属内容和优先推送等服务；高级会员可以获得更多的专属内容、线下活动参与权和专家咨询服务；VIP 会员则可以享受更加个性化的服务，如定制新闻内容、一对一的专家服务和高端社交活动等。

会员福利拓展：除了提供新闻内容和服务外，还可以为付费会员提供更多的福利和优惠。例如，与电商平台、旅游平台等合作，为会员提供购物折扣、旅游优惠等福利；与线下商家合作，为会员提供餐饮、娱乐等消费优惠；与金融机构合作，为会员提供理财咨询、信用卡积分等服务。通过拓展会员福利，提高会员的价值感和满意度，吸引更多的用户付费订阅。

③内容合作模式的创新

跨平台合作：移动新闻平台可以与其他平台合作，实现内容的跨平台传播和共享。例如，与社交媒体平台、视频平台、音频平台等合作，将新闻内容在不同的平台上进行推广和分发，扩大新闻的传播范围和影响力。同时，通过跨平台合作，还可以实现用户资源的共享和互动，提高用户的活跃度和黏性。

内容共创：移动新闻平台可以与用户、企业、社会组织等合作，共同创作新闻内容。例如，开展用户投稿活动，邀请用户分享自己的故事和观点；与企业合作，推出企业新闻专题或品牌故事；与社会组织合作，开展公益新闻报道和活动。通过内容共创，丰富新闻平台的内容资源，提高用户的参与度和认同感。

4.3 新闻聚合与个性化推荐系统

4.3.1 新闻聚合服务的工作机制与其对新闻传播的影响

（1）新闻聚合服务的工作机制

①确定新闻来源

新闻聚合服务广泛涵盖各类新闻媒体网站，包括报纸、电视台等传统媒体的在线平台，以及新兴的网络新闻媒体。这些媒体网站拥有专业的新闻采编团队，能够提供丰富多样的新闻内容，涵盖政治、经济、文化、科技、娱乐等各个领域。

社交媒体平台也是新闻聚合服务的重要来源之一。随着社交媒体的普及，越来越多的新闻事件首先在社交媒体平台上曝光，用户的分享和讨论也使得新闻能够迅速传播。新闻聚合服务通过监测社交媒体上的热门话题和趋势，及时抓取相关的新闻内容。

②运用算法进行筛选和排序

热度是新闻聚合服务算法考虑的重要因素之一。热度通常通过新闻的点击量、评论数、分享次数等指标来衡量。热门新闻往往能够吸引更多用户的关注，因此会被优先展示在新闻聚合平台的首页或热门栏目中。

时效性也是新闻聚合服务算法关注的重点。对于突发新闻和重大事件，新闻聚合平台会尽快抓取并展示相关内容，以满足用户对最新信息的需求。算法会根据新闻发布的时间进行排序，确保用户能够看到最新的新闻。

相关性是新闻聚合服务算法的另一个关键因素。算法会根据用户的兴趣爱好、浏览历史等信息，为用户推荐与其相关的新闻内容。例如，如果用户经常浏览体育新闻，那么新闻聚合平台会优先展示体育相关的新闻。

（2）新闻聚合服务对新闻传播的影响

①为用户提供便捷的新闻获取渠道

新闻聚合服务将多个新闻来源的新闻内容整合在一起，为用户提供了一站式的新闻服务。用户无须访问多个新闻网站，即可获取丰富多样的新闻内容，大大提高了新闻获取的效率。新闻聚合服务还可以根据用户的兴趣爱好和浏览历史，为用户推荐个性化的新闻内容。这种个性化推荐能够满足用户的特定需求，提高用户的阅读体验。

②对传统新闻媒体构成挑战

由于新闻聚合平台的流量优势，传统新闻媒体的受众可能被分流。用户更倾向于通过新闻聚合平台获取新闻，而不是直接访问传统新闻媒体的网站。这可能会影响传统新闻媒体的广告收入和影响力。

③可能导致信息茧房的形成

新闻聚合服务的算法推荐虽然能够为用户提供个性化的新闻内容，但也可能导致信息茧房的形成。用户更多地接触到符合自己兴趣和观点的新闻，而忽略了其他不同的声音。这可能会使用户的视野变得狭窄，影响其对事物的全面认识和判断。

4.3.2　个性化推荐算法面临的挑战

（1）算法可能存在偏见

算法所依赖的数据可能存在不完整的情况，例如某些新闻主题的数据量较少，或者某些用户群体的行为数据不足。这可能导致推荐结果偏向那些数据丰富的主题或用户群体，而忽略了其他重要的信息。

此外，算法设计的局限性也会带来偏见。算法的设计往往基于特定的目标和假设，这可能导致推荐结果偏向某些特定的主题、观点或来源。例如，如果算法过于强调用户的短期兴趣，可能会忽略用户的长期需求和全面发展。此外，算法可能受到开发者的主观因素影响，从而产生偏见。

（2）个性化推荐可能导致信息茧房的强化

用户长期接触符合自己兴趣的新闻，容易陷入信息的舒适区。他们可能只关注自己熟悉和认同的观点，而对不同的声音和观点缺乏了解。这不利于用户拓宽视野和培养批判性思维，可能导致用户的思维变得狭隘和固化。

信息茧房的强化还可能使不同兴趣群体之间的信息交流减少，导致群体之间的理解和共识难以形成。

（3）个性化推荐算法的透明度和可解释性问题

用户往往不清楚推荐结果是如何产生的。这可能引发用户对算法的不信任，认为算法可能存在不公正或不可控的因素。例如，用户可能担心自己的隐私被滥用，或者认为算法被某些利益集团操纵。

缺乏透明度和可解释性也使得用户难以对推荐结果进行有效的反馈和调整。如果用户不了解推荐算法的工作原理，就很难提出具体的改进建议，也难以根据自己的需求调整推荐设置。

4.3.3 推荐系统伦理、透明度与用户自主性

（1）推荐系统伦理

①公平、公正、客观原则的重要性

在新闻传播中，推荐系统的公平性意味着不能因用户的身份、地域、社会地位等因素而给予不同的推荐待遇。每一个用户都应该有平等的机会接触到各类新闻内容，避免出现信息获取的不平等现象。例如，不能因为某个用户来自特定地区就只推荐该地区相关的新闻，而忽略其他重要的国际、国内新闻。

公正性要求推荐系统在选择新闻内容时不能受到商业利益、政治倾向等因素的干扰。新闻平台不能为了追求广告收入或迎合特定利益集团而刻意推荐某些有偏向性的新闻。例如，不能因为某个广告主的要求而过度推荐与其相关的新闻，从而影响用户对新闻的全面认知。

客观性是新闻的本质要求，推荐系统也应该遵循这一原则。推荐的新闻内容应该基于事实，避免虚假信息、谣言和夸大其词的内容被推荐给用户。同时，推荐系统不能为了吸引眼球而推荐一些耸人听闻、缺乏真实性的新闻。

②商业利益与伦理的平衡

新闻平台在运营过程中不可避免地会面临商业利益的考量。然而，平台不能为了追求商业利益而牺牲推荐系统的伦理原则。新闻平台应该在商业利益和伦理责任之间找到平衡，确保推荐系统既能够为平台带来经济效益，又能够为用户提供有价值的新闻服务。

例如，可以通过合理的广告投放策略，确保广告与新闻内容相区分，不影响用户对新闻的阅读体验。同时，新闻平台可以加强对广告内容的审核，避免虚假广告和不良广告的出现。此外，新闻平台还可以通过多元化的商业模式，如付费订阅、内容合作等，减少对广告收入的过度依赖，从而降低商业利益对推荐系统的影响。

（2）推荐系统透明度

新闻平台可以向用户公开推荐算法的基本工作原理，让用户了解推荐系统是如何根据用户的行为数据和新闻内容特征进行推荐的。例如，可以通过简单易懂的说明文档、视频教程等方式，向用户解释推荐算法的主要流程和关键因素。

同时，新闻平台还应该向用户说明推荐结果的产生依据。用户应该知道为什么会看到某些新闻被推荐，是因为自己的浏览历史、搜索记录，还是因为新闻的热度、时效性等因素。这样可以增强用户对推荐系统的信任，减少用户对推荐结果的疑虑。

例如，一些新闻平台在推荐新闻时会显示推荐理由，如“根据你的浏览历史推荐”“热门新闻”等，让用户对推荐结果有更清晰的认识。

新闻平台还可以通过定期发布推荐系统的评估报告，向用户展示推荐系统的性能和效果。例如，可以公布推荐系统的准确率、召回率、用户满意度等指标，让用户了解推荐系统的实际表现。此外，新闻平台还可以邀请用户参与推荐系统的改进和优化，听取用户的意见和建议，进一步增强用户对推荐系统的信任。

提高推荐系统的透明度可以增强用户对推荐系统的信任。当用户了解推荐算法的工作原理和依据后，他们会更加相信推荐结果的客观性和可靠性，从而更愿意使用新闻平台提供的推荐服务。

（3）用户自主性

①提供多种推荐方式和筛选工具

新闻平台可以为用户提供多种推荐方式，满足不同用户的需求。除了个性化推荐外，还可以提供热门新闻推荐、编辑推荐、专题推荐等多种方式。这样用户可以根据自己的兴趣和需求选择不同的推荐方式，避免单一推荐方式带来的局限性。

同时，新闻平台还应该提供丰富的筛选工具，让用户能够自主选择感兴趣的新闻内容。例如，用户可以根据主题、来源、时间等因素进行新闻筛选，快速找到自己关注的新闻。此外，用户还可以设置关键词过滤，屏蔽不感兴趣的新闻内容。

例如，一些新闻平台提供了“我的关注”功能，用户可以关注自己感兴趣的新闻主题、作者、媒体等，从而获取更加个性化的新闻推荐。

②加强对用户的媒介素养教育

提高用户对新闻的辨别能力和批判性思维是保障用户自主性的重要途径。新闻平台可以通过开展媒介素养教育活动，向用户传授新闻辨别和分析的方法，帮助用户提高对新闻的认知水平。

例如，可以举办线上线下的新闻讲座、研讨会等活动，邀请专业的新闻记者、学者等为用户讲解新闻的制作过程、真实性判断方法等。同时，新闻平台还可以在新闻页面中提供一些提示和说明，引导用户对新闻进行批判性思考，如“这篇新闻的来源可靠吗？”“新闻中的观点是否有证据支持？”等。

第5章　受众分析：新媒体环境下的行为与影响力

5.1　受众特征与新媒体行为模式

5.1.1　受众人口统计与心理特征

（1）受众人口统计特征对新媒体行为模式的影响

①年龄差异

不同年龄段的受众在新媒体行为模式上有着显著差异。年轻受众通常对新兴的社交媒体平台和移动应用更感兴趣，他们善于利用这些平台获取信息和社交互动。他们更倾向于快速浏览、碎片化阅读，对视觉内容和互动性强的新闻形式更有好感。而年长的受众可能更习惯传统的新闻渠道，如电视、报纸等，但也逐渐开始接受新媒体，他们更注重新闻的深度和权威性。

②性别差异

性别也会影响受众的新媒体行为模式。一般来说，女性受众可能更关注与生活、情感、时尚等相关的新闻内容，她们在社交媒体上更倾向于分享自己的生活点滴和情感体验。男性受众则可能对科技、体育、政治等领域的新闻更感兴趣，他们在新媒体上可能更注重信息的实用性和专业性。

③教育程度差异

教育程度较高的受众在新媒体行为上往往更加理性和有批判性。他们会主动筛选信息，对新闻的真实性进行核实，更倾向于阅读深度报道和分析性文章。同时，他们也更善于利用新媒体平台学习知识和交流观点，参与在线讨论和学术研究。而教育程度较低的受众可能更容易受到“标题党”和虚假新闻的影响，他们更倾向于阅读简单易懂的新闻内容，对视觉和娱乐性较强的新闻形式更容易接受。

④职业差异

不同职业的读者由于工作性质和需求的不同，在新媒体行为上也有很大差异。例如，从事媒体、广告、公关等行业的受众对新闻的敏感度较高，他们会频繁使用新媒体平台获取行业动态和最新资讯，同时也会积极参与新闻的传播和评论。

（2）受众心理特征对新闻内容选择和偏好的影响

①心理需求

受众的心理需求是影响他们选择新闻内容的重要因素。例如，人们在追求安全感时，会更关注与社会稳定、公共安全等相关的新闻；在追求自我实现时，会对成功人士的故事、励志新闻等更感兴趣。同时，人们也有社交需求，会关注一些能够引发话题和讨论的新闻，以便在社交场合中与他人交流和互动。在疫情期间，人们对与疫情防控、医疗保障等相关的新闻关注度极高，因为这些新闻满足了他们对安全感的需求。而一些关于科技创新、创业成功的新闻则可能满足了人们对自我实现的需求。

②兴趣爱好

受众的兴趣爱好直接决定了他们对新闻内容的偏好。例如，喜欢体育的受众会关注各类体育赛事的新闻报道，喜欢音乐的受众会关注音乐界的动态和音乐会活动，喜欢旅游的受众则会关注旅游目的地的推荐和旅游攻略等新闻。足球迷会在世界杯期间密切关注各支球队的表现和赛事进展，通过体育新闻网站、社交媒体等渠道获取最新的赛事信息。

③价值观

受众的价值观也会影响他们对新闻的选择和评价。具有不同价值观的受众对同一新闻事件可能会有不同的看法和态度。例如，关注环保的受众会对与环境保护相关的新闻更感兴趣，并且会对破坏环境的行为进行批评；而注重经济发展的受众可能会更关注与经济增长、产业发展等相关的新闻。在讨论新能源汽车发展的新闻中，环保主义者可能会强调新能源汽车对减少环境污染的重要性，而经济实用主义者可能会更关注新能源汽车的价格、性能和续航里程等因素。

5.1.2 受众信息需求、偏好与新媒体使用

（1）新媒体环境下受众信息需求的多样化与个性化

①多样化的信息需求

在新媒体时代，受众的信息需求变得更加多样化。他们不再仅仅满足于

传统的政治、经济、体育、娱乐等领域的新闻，还对科技、文化、教育、健康、环保等各个方面的信息有着强烈的需求。例如，随着人们对健康生活的重视，健康养生类的新闻受到了广泛关注，人们希望了解各种疾病的预防和治疗方法、健康饮食的搭配、运动健身的技巧等信息。同时，科技的快速发展也使得受众对科技创新、人工智能、大数据等领域的新闻充满兴趣，他们渴望了解最新的科技动态和科技对生活的影响。

②个性化的信息需求

受众的信息需求也呈现出个性化的特点。每个人由于年龄、性别、职业、兴趣爱好、价值观等因素的不同，对新闻的需求也各不相同。新媒体平台通过大数据分析和算法推荐，能够为受众提供个性化的新闻服务，满足他们的特定需求。

例如，一位喜欢摄影的受众可能会收到关于摄影技巧、摄影作品欣赏、摄影器材评测等方面的新闻推荐。而一位关注金融市场的受众则会收到股票行情、投资理财、经济政策等方面的新闻信息。这种个性化的新闻服务能够提高受众的满意度和忠诚度，增强他们对媒体的依赖。

（2）受众的新媒体使用

随着智能手机和平板电脑的普及，越来越多的受众倾向于使用移动设备获取新闻信息。移动设备具有便携性、随时随地可访问的特点，能够满足受众在不同场景下的信息需求。例如，受众可以在上班途中、午休时间、排队等待等碎片化时间里通过手机浏览新闻。同时，移动设备上的新闻客户端和社交媒体应用也为受众提供了丰富的新闻内容和便捷的互动方式，使得受众能够更加方便地获取和分享新闻信息。

社交媒体平台在新媒体环境下扮演着越来越重要的角色，成为受众获取新闻信息的重要渠道之一。社交媒体平台上的用户可以通过关注新闻媒体、意见领袖、朋友等方式获取各种新闻信息，同时也可以通过评论、点赞、转发等方式参与新闻的传播和讨论。例如，在一些重大事件发生时，社交媒体上的话题热度往往很高，受众可以通过微博、微信、抖音等平台了解事件的最新进展和各方观点。此外，社交媒体上的用户生成内容也为受众提供了更多的新闻视角和信息来源。

5.1.3 受众媒体使用习惯的演变

（1）传统媒体时代的受众媒体使用习惯

①报纸

受众通常会在早晨或晚上购买报纸，阅读当天的新闻报道、时事评论、副刊文章等。报纸的阅读具有一定的深度和系统性。一些读者会在上班途中阅读报纸，了解国内外的重大新闻事件；还有一些读者则习惯在晚饭后阅读报纸，作为一种休闲方式。

②电视

电视是家庭娱乐的重要组成部分，受众会在特定的时间段观看新闻节目、电视剧、综艺节目等。电视节目直观和生动，能够吸引受众的注意力。每天晚上的新闻联播是很多家庭必看的节目，通过电视，受众可以通过新闻联播了解到国家的大政方针和社会热点问题。

③广播

受众可以在开车、做家务、运动等时候收听广播。广播的内容主要包括新闻资讯、音乐节目、交通信息等。司机在开车时会收听交通广播，了解路况信息；一些老年人在晨练时会收听广播里的音乐和健康讲座。

（2）新媒体崛起对受众媒体使用习惯的影响

①从被动接收到主动选择

在新媒体环境下，受众不再是被动地接收信息，而是可以根据自己的兴趣和需求主动选择信息。通过搜索引擎、社交媒体、新闻客户端等渠道，受众可以轻松地找到自己感兴趣的新闻内容。

②从单向传播到互动传播

新媒体打破了传统媒体的单向传播模式，实现了互动传播。受众可以通过评论、点赞、转发等方式与新闻媒体和其他受众互动，表达自己的观点和意见。在新闻报道下方的评论区，受众可以发表自己对新闻事件的看法和评论，与其他受众进行交流和讨论；也可以通过转发新闻，将自己认为有价值的信息分享给更多的人。

③从固定时间到随时随地

新媒体的出现使得受众可以随时随地获取新闻信息，不再受传统媒体固定播出时间的限制。智能手机、平板电脑等移动设备的普及，让受众可以在任何时间、任何地点通过网络连接获取新闻，了解最新的新闻动态。

（3）新闻媒体应对受众媒体使用习惯变化的策略

①多平台传播

新闻媒体应顺应受众媒体使用习惯的变化，在多个平台上进行传播。除了传统的报纸、电视、广播等渠道外，还应积极拓展新媒体平台，如网站、微博、微信、抖音等，实现全方位、多角度的传播。新闻媒体可以在微博上发布即时性的新闻快讯，吸引受众的关注；在微信上推送深度报道和分析评论，满足受众的阅读需求；在抖音上制作短视频新闻，提高新闻的传播力和影响力。

②互动式传播

新闻媒体应加强与受众的互动，提高受众的参与度。可以通过设置评论区、开展线上活动、邀请受众参与新闻生产等方式，实现互动式传播。新闻媒体可以在新闻报道下方设置评论区，鼓励受众发表自己的观点和意见；也可以开展线上投票、问卷调查等活动，了解受众的需求和想法；还可以邀请受众提供新闻线索和素材，参与新闻的生产过程。

③个性化服务

新闻媒体应根据受众的兴趣和需求，提供个性化的新闻服务。可以通过大数据分析和算法推荐，为受众定制新闻内容；也可以开展个性化的新闻策划和报道，满足受众的特定需求。新闻媒体可以根据受众的浏览历史和兴趣偏好，为受众推荐个性化的新闻报道；也可以针对特定的受众群体，开展个性化的新闻策划和报道，如针对年轻人的时尚新闻、针对老年人的健康新闻等。

5.2　受众参与与互动性分析

5.2.1　受众参与新闻传播的动机

（1）表达个人观点和意见

在新媒体环境下，受众参与新闻传播的一个重要动机是表达自己的观点和意见。每个人都有自己的思想和看法，而新闻事件往往会引发人们的思考和讨论。通过参与新闻传播，受众可以将自己的观点传达给他人，与他人交流和辩论，从而获得认同感和满足感。

例如，在社交媒体上，受众可以对新闻事件发表评论，表达自己的立场和态度。一些热门话题的讨论往往会吸引大量受众参与，形成舆论热点。这种表达个人观点的行为不仅满足了受众的自我表达需求，还能够促进社会的思想交流和进步。

（2）获取信息

获取信息也是受众参与新闻传播的一个重要动机。在信息爆炸的时代，人们需要不断地获取各种信息来满足自己的工作、学习和生活需求。通过参与新闻传播，受众可以从不同的渠道获取更多的信息，拓宽自己的视野。

（3）参与社会讨论

参与社会讨论是受众参与新闻传播的另一个重要动机。新闻事件往往涉及社会的各个方面，如政治、经济、文化、教育等。受众通过参与新闻传播，可以对这些社会问题进行深入的讨论和思考，表达自己的关切和诉求，从而推动社会的发展。

例如，在一些重大社会事件发生后，受众会积极参与新闻传播，发表自己的看法和建议。这些讨论和建议可以为政府和相关部门提供决策参考，促进社会问题的解决。同时，参与社会讨论也能够增强受众的社会责任感和公民意识，提高他们的社会参与度。

（4）社交需求

社交需求也是受众参与新闻传播的一个重要动机。在新媒体时代，人们越来越依赖社交媒体来进行社交活动。通过参与新闻传播，受众可以与他人建立联系，扩大自己的社交圈子，满足自己的社交需求。

（5）娱乐需求

娱乐需求也是受众参与新闻传播的一个动机。在快节奏的生活中，人们需要阅读一些轻松、有趣的内容来缓解压力和放松心情。一些新闻事件往往具有娱乐性和趣味性，能够吸引受众的关注和参与。例如，一些娱乐新闻、搞笑视频等新闻内容往往会在社交媒体上广泛传播，成为人们茶余饭后的谈资。这种娱乐性的新闻传播可以满足受众的娱乐需求，增加生活的乐趣。

（6）自我实现需求

自我实现需求是受众参与新闻传播的一个高层次动机。一些受众可能会通过撰写新闻评论、制作新闻视频等方式，展示自己的才华和能力，获得他人的认可和赞赏，实现自己的人生价值。

例如，一些自媒体人通过在社交媒体上发布有价值的新闻内容吸引了大量的粉丝和关注。这种自我实现的行为不仅能够满足受众的个人需求，还能够为社会创造价值。

5.2.2　互动形式与效果

（1）丰富多样的互动形式

①评论

评论是受众参与新闻传播最常见的互动形式之一。受众可以在新闻下方发表自己的观点、看法和意见，与其他受众进行交流和讨论。评论功能不仅为受众提供了表达自我的平台，也为新闻媒体了解受众需求和反馈提供了重要渠道。在一些热点新闻事件中，评论区往往会成为观点碰撞的战场，不同的受众从不同的角度对事件进行分析和评价，丰富了新闻的内涵和视角。

②点赞

点赞是一种简单而直接的互动方式，受众通过点击"赞"按钮来表达对新闻内容的认可和喜爱。点赞数量可以反映新闻的受欢迎程度，同时也为其他受众提供了一种参考。一篇获得大量点赞的新闻通常会吸引更多的受众关注，因为它被认为是有价值和值得阅读的。

③分享

分享是受众将新闻内容传播给更多人的重要方式。受众可以通过社交媒体、电子邮件等渠道将自己感兴趣的新闻分享给朋友、家人和同事，扩大新闻的传播范围。当受众看到一篇有意义的新闻时，他们可能会分享到自己的微信朋友圈或微博上，让更多的人了解到这个新闻事件。

④投票

投票是一种互动性较强的形式，新闻媒体可以设置一些与新闻相关的问题，让受众进行投票选择。投票结果可以反映受众的观点和态度，同时也为新闻报道提供更多的素材和角度。在一些争议性较大的新闻事件中，新闻媒体可以通过投票的方式了解受众的看法，为后续的报道提供参考。

⑤直播互动

随着直播技术的发展，直播互动成为越来越受欢迎的互动形式。受众可以在直播过程中通过弹幕、留言等方式与主播互动，提出问题、发表观点，增强了新闻传播的实时性和参与感。在一些重大新闻事件的直播中，受众可以通过弹幕与主播交流，了解事件的最新进展，同时也可以表达自己的感受和看法。

（2）不同互动形式的效果

①增强受众参与度

各种互动形式都能够有效地增强受众的参与度，让受众从被动的信息接收者转变为主动的参与者。受众通过评论、点赞、分享等方式表达自己的观点和意见，与新闻媒体和其他受众进行互动，从而更加深入地参与到新闻传播过程中。当受众对一篇新闻进行评论时，他们会更加关注这个新闻事件，并且可能会进一步了解相关的背景信息和其他观点，从而提高了他们对新闻的参与度。

②提高新闻传播效果

互动形式可以提高新闻的传播效果，扩大新闻的影响力。受众的分享和点赞可以让新闻在社交媒体上迅速传播，吸引更多的人关注。同时，评论和投票等互动形式可以为新闻报道提供更多的角度和素材，丰富新闻的内容，提高新闻的质量。一篇获得大量分享和点赞的新闻会在社交媒体上广泛传播，吸引更多的人关注和阅读，从而提高了新闻的传播效果。

③促进受众与新闻媒体的关系

互动形式可以促进受众与新闻媒体之间的关系，增强受众对新闻媒体的信任和忠诚度。受众通过互动形式与新闻媒体进行交流和沟通，表达自己的需求和意见，新闻媒体可以根据受众的反馈及时调整报道策略和内容，提高新闻服务的质量，从而增强受众对新闻媒体的信任和忠诚度。当新闻媒体积极回复受众的评论和问题时，受众会感受到新闻媒体的关注和重视，从而增强对新闻媒体的信任和好感。

5.2.3 平台特性与新闻媒体互动形式选择策略

（1）不同平台的特性

①社交媒体平台

社交媒体平台具有用户量大、传播速度快、互动性强等特点。受众可以在社交媒体平台上轻松地分享新闻内容，与朋友和家人进行交流和讨论。同时，社交媒体平台的算法推荐也可以让新闻内容快速传播，吸引更多的人关注。

微博、微信等社交媒体平台是新闻传播的重要渠道之一，很多新闻媒体都会在这些平台上发布新闻内容，吸引受众的关注和参与。

②新闻客户端

新闻客户端具有专业性强、内容丰富、推送及时等特点。受众可以在新闻客户端上获取到各种类型的新闻资讯，同时也可以通过评论、点赞等方式与新闻媒体进行互动。新闻客户端的推送功能可以让受众及时了解最新的新闻动态，提高新闻的传播效果。今日头条、腾讯新闻等新闻客户端是很多受众获取新闻的重要渠道，这些客户端通过个性化推荐和精准推送，为受众提供更加优质的新闻服务。

③视频平台

视频平台具有直观性强、娱乐性高、互动性好等特点。受众可以通过观看新闻视频了解新闻事件，同时也可以在视频下方进行评论、点赞等互动。视频平台的直播功能也可以让受众实时了解新闻事件的进展，增强新闻传播的参与感和现场感。抖音、B 站等视频平台上的新闻内容越来越受关注，很多新闻媒体也开始在这些平台上发布新闻视频，提高新闻的传播效果。

（2）新闻媒体选择互动形式的策略

①根据自身特点选择

新闻媒体应该根据自身的特点和定位选择合适的互动形式。例如，专业性较强的新闻媒体可以选择评论、投票等互动形式，让受众深入参与到新闻讨论中；娱乐性较强的新闻媒体可以选择点赞、分享等互动形式，提高新闻的传播效果。

②根据目标受众需求选择

新闻媒体应该了解目标受众的需求和喜好，选择他们喜欢的互动形式。例如，年轻受众可能更喜欢在社交媒体平台上进行互动，新闻媒体可以在这些平台上设置更多的互动环节；老年受众可能更喜欢通过电话、邮件等传统方式进行互动，新闻媒体可以为他们提供相应的渠道。

③结合新闻内容选择

新闻媒体应该根据新闻内容的特点选择合适的互动形式。例如，对于一些重大新闻事件，可以选择直播互动的形式，让受众实时了解事件的进展；对于一些争议性较大的新闻事件，可以选择投票的形式，了解受众的观点和态度。

5.2.4 受众参与度的量化与评估

在新媒体时代，受众参与新闻传播的程度和效果对于新闻媒体的发展至关重要。通过量化受众参与度，可以更加准确地了解受众的需求和喜好，为新闻媒体的内容创作、传播策略制定提供有力依据。同时，量化受众参与度也有助于评估新闻媒体的传播效果和影响力，为新闻媒体的优化和改进提供方向。

（1）量化受众参与度的方法

①分析互动行为数据

互动行为数据是量化受众参与度的重要依据之一。新闻媒体可以通过分析受众的评论、点赞、分享、投票等互动行为数据，来了解受众对新闻内容的关注度和参与度。例如，可以统计一篇新闻的评论数量、点赞数量、分享数量等指标，来衡量这篇新闻的受欢迎程度。同时，还可以分析评论内容的情感倾向、关键词等，了解受众对新闻事件的态度和看法。

②问卷调查

问卷调查是另一种量化受众参与度的有效方法。新闻媒体可以通过设计问卷，向受众了解他们对新闻内容的满意度、参与新闻传播的动机、对新闻媒体的评价等方面的情况。例如，可以设计一份关于受众对某一新闻事件的关注度和参与度的问卷，了解受众是通过哪些渠道获取新闻信息、是否参与了新闻的评论和分享等。问卷调查可以采用线上和线下相结合的方式，以提高样本的代表性和广泛性。

③社交网络分析

社交网络分析可以帮助新闻媒体了解受众在社交网络中的传播行为和影响力。通过分析受众在社交媒体上的关注关系、转发行为、话题讨论等，可以了解受众对新闻内容的传播范围和影响力。例如，可以通过分析一条新闻在社交媒体上的转发路径和转发次数，了解这条新闻在社交网络中的传播情况。同时，还可以分析受众在话题讨论中的参与度和影响力，了解受众对新闻事件的关注度和态度。

（2）评估受众参与度的指标

①互动率

互动率是衡量受众参与度的重要指标之一。互动率可以通过计算受众的互动行为数量与新闻曝光量的比值来得到。例如，互动率可以通过计算评论数量、点赞数量、分享数量等与新闻阅读量的比值来得到。互动率越高，说明受众对新闻内容的关注度和参与度越高。新闻媒体可以通过提高互动率来增强受众的参与度和满意度。

②满意度

满意度是评估受众参与度的另一个重要指标。满意度可以通过问卷调查等方式来了解受众对新闻内容、传播方式、服务质量等方面的满意程度。满意度越高，说明受众对新闻媒体的认可度和忠诚度越高。新闻媒体可以通过提高满意度来增强受众的参与度和影响力。

③传播效果

传播效果是评估受众参与度的重要指标之一。传播效果可以通过分析新闻的阅读量、转发量、点赞量等指标来了解新闻在社交网络中的传播范围和影响力。传播效果越好，说明受众对新闻内容的认可度和传播意愿越高。新闻媒体可以通过提高传播效果来增强新闻的影响力和传播力。

（3）对比不同新闻媒体的受众参与度

①横向对比

横向对比是指对比不同新闻媒体在同一时间段内的受众参与度。通过横向对比，可以了解不同新闻媒体在受众参与度方面的差异，为新闻媒体的优化和改进提供参考。例如，可以对比不同新闻媒体在同一新闻事件上的评论数量、点赞数量、分享数量等指标，了解不同新闻媒体在受众参与度方面的表现。同时，还可以分析不同新闻媒体的传播策略和内容创作特点，了解其对受众参与度的影响。

②纵向对比

纵向对比是指对比同一新闻媒体在不同时间段内的受众参与度。通过纵向对比，可以了解新闻媒体在受众参与度方面的变化趋势，为新闻媒体的发展规划提供参考。例如，可以对比同一新闻媒体在不同月份或季度的评论数量、点赞数量、分享数量等指标，了解新闻媒体在受众参与度方面的变化情况。同时，还可以分析新闻媒体在不同时间段内的传播策略和内容创作调整，了解其对受众参与度的影响。

5.3 社会网络分析与受众影响力

5.3.1 社会网络中的信息流动模式

（1）社会网络的结构特点

①“小世界”特性

社会网络是一个“小世界”，即个体如同节点相互联结，且任意两个节点之间的平均路径较短。这意味着信息在社会网络中可以快速传播，即使两个个体之间没有直接联系，也可以通过中间节点快速传递信息。在社交媒体平台上，一个用户发布的信息可以通过其关注者、关注者的关注者等中间节点快速传播到其他用户那里。

②聚类特性

社会网络还具有聚类特性，即节点之间存在着明显的聚类现象。具有相似特征或兴趣的个体更容易形成连接，形成紧密的社区。在这些社区中，信息的传播更加容易和迅速。例如，在科技爱好者的社交网络中，他们更容易因为一个科技相关话题相互关注和交流，形成一个紧密的社区。当有新的科技动态出现时，这个社区中的用户会更快地传播和讨论这些信息。

③中心性

社会网络中的节点具有不同的中心性。中心性较高的节点在信息传播中起着重要的作用，它们可以快速地将信息传递给其他节点。中心性可以通过度中心性、接近中心性和中介中心性等指标来衡量。在社交媒体平台上，一些拥有大量粉丝的意见领袖具有较高的中心性。他们发布的信息可以迅速传播到大量用户那里，对信息的传播起到了重要的推动作用。

（2）信息流动模式

①扩散模式

信息在社会网络中的扩散模式类似于传染病的传播。一个节点接收到信息后，会将其传播给与其有连接的其他节点。这些节点又会将信息继续传递给它们的连接节点，从而形成信息的扩散。在社交媒体平台上，一个用户发布的新闻信息被其关注者看到后，这些关注者可能会将信息转发给他们的关注者，从而实现信息的扩散。扩散模式的速度和范围取决于社会网络的结构和节点的传播行为。

②级联模式

信息在社会网络中的级联模式是指信息从一个节点传播到另一个节点，然后再从这个节点传播到更多的节点，形成一个级联效应。级联模式通常发生在信息具有较高的吸引力或重要性时，节点会更积极地传播这些信息。当一个重大新闻事件发生时，人们会更积极地传播相关信息，形成一个级联效应。级联模式的传播速度和范围通常比扩散模式更大。

③定向传播模式

信息在社会网络中的定向传播模式是指信息从特定的节点向特定的方向传播。这种模式通常发生在信息具有特定的目标受众或传播目的时。定向传播模式可以通过选择特定的传播路径或利用中心性较高的节点来实现。新闻媒体在推广一篇特定的新闻报道时，可以选择将信息推送给一些具有较高影响力的意见领袖，让他们将信息传播给更多的用户。定向传播模式可以提高信息传播的针对性和效果。

（3）影响信息流动模式的因素

①信息特征

信息的特征对信息流动模式有着重要的影响。例如，信息的吸引力、重要性、时效性等因素会影响节点对信息的传播意愿和传播速度。具有较高吸引力和重要性的信息更容易引起节点的关注和传播。一个独家新闻或重大事件的信息通常会比普通新闻更容易引起人们的关注，从而形成更快的信息流动模式。

②节点特征

节点的特征也会影响信息流动模式。例如，节点的中心性、活跃度、影响力等因素会影响信息在社会网络中的传播速度和范围。中心性较高、活跃度较高、影响力较大的节点在信息传播中起着重要的作用，例如，一些拥有大量粉丝的意见领袖具有较高的影响力，他们发布的信息可以迅速传播到大量用户那里，对信息的传播起到了重要的推动作用。

③社会网络结构

社会网络的结构对信息流动模式也有着重要的影响。例如，社会网络的小世界特性、聚类特性等因素会影响信息的传播速度和范围。在小世界网络中，信息可以快速传播；在聚类网络中，信息更容易在特定的社区中传播。

在科技爱好者的社交网络中，信息更容易在这个社区中传播，因为这些用户之间的联系更加紧密，信息的传播速度更快。

（4）社会网络结构及信息流动模式对新闻传播策略的启示

①利用社会网络结构

新闻媒体可以利用社会网络的结构特点来制定新闻传播策略。例如，通过与中心性较高的节点合作，将新闻信息推送给更多的用户；利用社会网络的聚类特性，将新闻信息推送给特定的目标受众。新闻媒体可以与一些拥有大量粉丝的意见领袖合作，让他们传播新闻信息；或者针对特定的兴趣社区推送相关的新闻报道。

②关注信息特征

新闻媒体应该关注信息的特征，制作具有吸引力、重要性和时效性的新闻内容，提高信息的传播效果。同时，新闻媒体还可以根据不同的信息特征选择不同的传播模式，提高信息传播的针对性和效果。对于重大新闻事件，可以采用级联模式，迅速扩大信息的影响力；对于一些专业性较强的新闻，可以采用定向传播模式，推送给特定的目标受众。

③激发节点分享意愿

新闻媒体可以通过激发节点的分享意愿来提高新闻信息的传播效果。例如，提供有价值的新闻内容，开展互动活动，如话题讨论、投票活动等，吸引用户的参与，提高信息的传播效果。

5.3.2 受众作为传播节点的作用

在新媒体时代，信息传播的方式发生了巨大变化，受众不再仅仅是被动的信息接收者，而是积极主动地参与到信息传播的过程中，成为传播网络中的重要节点。受众可以通过各种新媒体平台分享自己感兴趣的新闻信息，将其传播给更多的人。

（1）受众作为传播节点的优势

①广泛的社交网络

每个受众都拥有自己的社交网络，包括家人、朋友、同事、同学等。这些社交关系构成了一个庞大的传播网络，使得新闻信息能够在短时间内迅速扩散。当受众将新闻信息分享到自己的社交网络中时，他们的亲朋好友会看到这些信息，并有可能进一步分享给他们的社交圈子，从而实现新闻信息的多级传播。例如，一个拥有大量粉丝的社交媒体用户分享了一条新闻，这条新闻可能会被他的粉丝们看到并转发，进而传播给更多的人。这种传播方式比传统媒体的单向传播更加广泛和迅速。

②个性化的传播方式

受众作为传播节点，能够根据自己的兴趣、喜好和价值观，对新闻信息进行筛选和加工，然后以个性化的方式传播给他人。这种个性化的传播方式更容易引起他人的共鸣和关注，提高新闻信息的传播效果。例如，一个对科技新闻感兴趣的受众，可能会将自己看到的科技新闻分享到科技爱好者的社交圈子中，并加上自己的评论和观点，这样的传播方式更具有针对性和吸引力。

③信任度高

受众之间的社交关系通常建立在信任的基础上，因此受众在自己的社交圈传播的信息往往更容易被他人接受和信任。当一个受众从自己信任的人那里接收到信息时，他们倾向于相信这些信息真实可靠，并有可能进一步传播给更多的人。例如，一位朋友在朋友圈分享了一条新闻，我们往往会因为对朋友的信任而更愿意去阅读和分享这条新闻。这种基于信任的传播方式，使得新闻信息的传播更加有效。

（2）受众作为传播节点对新闻传播的影响

①扩大新闻传播范围

受众作为传播节点，能够将新闻信息传播到更广泛的人群中，扩大新闻的传播范围。传统媒体的传播范围往往受到地域、时间等因素的限制，而受众的社交网络则可以跨越这些限制，将新闻信息传播到全球各地。例如，一条新闻在传统媒体上的传播范围可能仅限于某个地区或国家，而当受众将这条新闻分享到社交媒体上时，它可能会被来自不同地区和国家的人看到，从而实现全球范围内的传播。

②增强新闻传播效果

受众作为传播节点，能够通过个性化的传播方式和高信任度的社交关系，增强新闻传播的效果。受众传播的新闻信息往往更容易引起他人的共鸣和关注，从而提高新闻的阅读量、点赞数和转发数，增强新闻的传播效果。例如，一个受众在自己的博客上分享了一篇感人的新闻故事，并加上了自己的亲身感受和评论，这样的传播方式更容易打动读者，引起他们的共鸣和关注，从而提高新闻的传播效果。

③促进新闻传播的互动性

受众作为传播节点，能够与其他受众进行互动和交流，促进新闻传播的互动性。当受众将新闻信息分享到自己的社交网络中时，他们的亲朋好友可以通过评论、点赞、转发等方式与他们进行互动，表达自己的观点和看法。这种互动性不仅能够增强新闻传播的效果，还能够促进受众之间的思想交流和社会互动。例如，一个受众在微博上分享了一条新闻，并引发了其他受众的热烈讨论和互动，这种互动性不仅能够提高新闻的传播效果，还能够促进社会的思想交流和进步。

（3）新闻媒体如何利用受众作为传播节点

①激发受众的分享欲望

新闻媒体可以通过提供有价值、有趣、引人入胜的新闻内容，激发受众的分享欲望。例如，新闻媒体可以制作一些独家新闻、深度报道、感人故事等，吸引受众的关注和兴趣，激发他们的分享欲望。

②提供便捷的分享渠道

新闻媒体可以在自己的网站、客户端、社交媒体账号等平台上，提供便捷的分享渠道，方便受众将新闻信息分享到自己的社交网络中。例如，新闻媒体可以在新闻页面上设置分享按钮，让受众可以一键将新闻分享到微博、微信等社交平台上。同时，新闻媒体还可以利用社交媒体平台的开放接口，将自己的新闻内容推送到更多的社交平台上，扩大新闻的传播范围。

③与受众进行互动和交流

新闻媒体可以与受众进行互动和交流，增强受众的参与感和归属感，提高受众参与互动的积极性。例如，新闻媒体可以在社交媒体上开展话题讨论、问卷调查、投票活动等，吸引受众的参与和互动。同时，新闻媒体还可以回复受众的评论和私信，与受众进行一对一的交流和沟通，增强受众的信任和好感。

5.3.3 受众影响力的测量与案例分析

（1）受众影响力的测量指标

①粉丝数量

粉丝数量是衡量受众影响力的一个重要指标。拥有大量粉丝的受众通常具有较高的影响力，因为他们的言论和行为可以被更多的人看到和关注。例如，一些知名的社交媒体博主、网红等，他们的粉丝数量众多，发布的内容可以迅速传播，对其他受众产生较大的影响。

②转发量

转发量也是衡量受众影响力的一个重要指标。当受众转发一条信息时，他们实际上是在向自己的社交网络推荐这条信息，从而扩大了信息的传播范围。转发量越高，说明这条信息被更多的人认为有价值，受众的影响力也就越大。

③点赞量

点赞量可以反映受众对信息的认可和支持程度。当受众点赞一条信息时，他们表示对这条信息的赞同和欣赏。点赞量越高，说明这条信息受到了更多受众的认可和支持，受众的影响力也就越大。

④评论量

评论量可以反映受众对信息的参与度和关注度。当受众评论一条信息时，他们不仅表达了自己的观点和看法，还与其他受众进行了互动和交流。评论量越高，说明受众对信息的讨论越热烈，受众的影响力也就越大。

（2）案例：小米集团创始人雷军的影响力分析

①雷军在抖音的影响力表现

粉丝数量规模：雷军在抖音上拥有庞大的粉丝群体，截至 2024 年 10 月 1 日，其粉丝数量已达 2964 万之多。这一庞大的粉丝基数反映了他在抖音上广泛的受众覆盖面和较高的知名度，使其成为抖音上备受网友关注的公众人物之一。

视频播放量与互动量：雷军在抖音发布的视频通常能获得极高的播放量，多则数百万。例如，他发布的关于小米新品发布会的预告视频，往往能在短时间内吸引大量用户观看。同时，视频的点赞数、评论数和分享数也相当可观。用户在评论区积极讨论和提问，视频分享次数也达到数万次。这些数据表明雷军抖音账号的内容具有很强的传播力，能够引发用户强烈的兴趣并参与互动。

②雷军圈粉及获得大量点赞的原因

亲和力与真实感。雷军在抖音上展现出了非常亲和的形象，他没有高高在上的姿态，而是以一种平实、接地气的方式与粉丝交流。他的视频中常常充满笑容，语言幽默风趣，给人一种邻家大哥的感觉。例如，他会在视频中分享自己的工作日常、生活趣事，让粉丝感受到他的真实和亲近。这种亲和力更容易让粉丝产生共鸣和认同感，从而愿意关注他并与他互动。

勤奋努力与励志形象。雷军作为小米的创始人，他的创业经历本身就是一个励志故事。他白手起家，打造出全球知名的科技企业，其奋斗历程激励着无数人。在抖音上，他也会不时地分享自己的创业心得和人生感悟，传递积极向上的价值观。这种励志形象吸引了很多渴望成功、追求梦想的人，他们将雷军视为榜样，因此愿意支持他并为他的视频点赞。例如，他在一次演讲中讲述了自己在创业过程中遇到的困难和挑战，以及如何坚持不懈地克服它们，这个视频获得了大量用户的点赞和转发，因为很多人从他的故事中找到了自己奋斗的动力。

科技领域的专业知识。雷军对电子产品的技术、性能、市场趋势等方面有着深入的了解和独到的见解。在抖音上，他会通过视频向粉丝介绍小米产品的创新技术和优势，如手机的拍照功能、处理器性能等。他能够用通俗易懂的语言解释复杂的科技概念，让普通用户也能明白。这种专业能力使得他在科技爱好者和消费者中具有很高的可信度和影响力。当他推荐一款产品或介绍一项新技术时，用户会更愿意相信他的观点，从而对其账号内容产生兴趣并点赞。

行业领导者的影响力。雷军在科技行业具有重要的地位和影响力，他的一举一动都牵动着行业的目光。他在抖音上发布的关于小米公司的战略规划、产品布局等内容，不仅受到粉丝的关注，也会引起行业内人士的关注和讨论。例如，当他宣布小米将进军某个新的领域或推出一项重大的技术创新时，会在行业内引起轰动，吸引大量用户关注他的抖音账号，以获取最新的信息。这种行业领导者的影响力为他在抖音上带来了广泛的关注和认可，也是他圈粉和获得大量点赞的重要原因之一。

多样化的内容形式。雷军会根据不同的主题和目的选择合适的内容形式。例如，在新品发布前夕，他会通过直播的方式与粉丝互动，提前透露产品的一些亮点和特色，解答粉丝的疑问，提高粉丝的期待感和参与度。而在平时，他会发布一些短视频，分享自己的工作生活点滴、旅行经历等，让粉丝更全面地了解他。这种多样化的内容形式能够吸引不同类型的用户，保持用户的新鲜感和关注度。

紧跟热点与话题。雷军善于紧跟社会热点和网络话题，将其与小米的产品或品牌形象相结合，创作出具有话题性的内容。例如，在一些重要的节日或纪念日，他会发布相关的祝福视频，并巧妙地融入小米的元素。在热门电影或电视剧上映时，他可能会模仿其中的经典桥段，制作有趣的短视频，同时宣传小米的产品。这种紧跟热点和话题性的内容创作方式能够吸引用户的眼球，引发用户的兴趣和讨论，从而提高视频的播放量和点赞数。

互动性强。雷军非常注重与粉丝的互动，他会积极回复粉丝的评论和私信，与粉丝建立良好的关系。在他的视频中，经常会鼓励粉丝留言、点赞、分享，并提出问题或建议。他还会不定期地举办一些互动活动，如抽奖、问答等，增加粉丝的参与感和忠诚度。例如，他会在评论区选取一些幸运粉丝，送上小米的产品或周边礼品，这使得粉丝感到自己与雷军之间的距离更近，更愿意关注他并支持他，从而为他的视频带来更多的点赞和分享。

小米品牌的影响力。小米作为一家知名的科技品牌，在全球范围内拥有庞大的用户群体和粉丝基础。雷军作为小米的创始人兼代言人，他的形象与小米品牌紧密相连。很多小米用户因为对小米品牌的喜爱和认可，而自然而然地关注雷军的抖音账号。当小米推出新产品或有重要活动时，雷军在抖音上的相关内容会受到小米粉丝的特别关注，他们会积极点赞、评论和分享，以表达对小米品牌的热爱和对雷军的支持。

粉丝口碑传播。雷军在抖音上积累了大量粉丝，当他们看到雷军发布的有趣、有价值的视频时，会主动分享给朋友、家人或同事，让更多的人了解雷军和小米。这种口碑传播的效应使雷军的影响力和粉丝群体不断扩大。例如，一位小米粉丝在看到雷军发布的关于小米手机拍照功能的演示视频后，觉得非常精彩，便分享到了自己的朋友圈，并推荐给了其他对手机摄影感兴趣的朋友。这些朋友在观看视频后可能会被雷军的介绍所吸引，进而关注他的抖音账号，成为他的新粉丝。这种口碑传播的力量是无穷的，它使得雷军在抖音上的影响力能够不断扩散和增长。

第6章　新媒体平台新闻传播效果评估与影响

6.1　新媒体平台新闻传播效果评估

6.1.1　新闻的传播程度

（1）即时传播

新媒体平台的特点之一是信息传播的即时性。新闻事件一旦发生，就可以通过社交媒体、新闻客户端等渠道迅速传播给用户。这种即时传播的特点使得新闻能够在最短的时间内得到广泛传播，提高了新闻的时效性和影响力。

传播速度的快慢还可以影响新闻的热度和受关注度。如果一篇新闻能够在短时间内迅速传播，吸引大量用户的关注，那么它就有可能成为热门话题，进一步扩大传播范围。

（2）扩散范围

传播程度不仅体现在新闻的即时传播上，还体现在新闻的扩散范围上。新媒体平台的社交属性使得新闻可以通过用户的分享、转发等行为迅速扩散到不同的社交圈子和群体中。例如，一篇关于娱乐明星的新闻报道可能会在粉丝群体中迅速传播，然后通过粉丝的分享扩散到更广泛的人群中。

扩散范围的大小可以反映新闻的影响力和传播效果。如果一篇新闻能够在不同的地区、不同的群体中得到广泛传播，说明该新闻具有较高的价值和吸引力。

6.1.2　新闻的影响力

影响力指数是一个综合评估新闻传播效果的指标，它考虑了多个因素，如新闻的传播范围、用户的互动程度、新闻的权威性等。

（1）传播范围

影响力指数首先考虑新闻的传播范围。传播范围越大，说明新闻的影响力越大。传播范围可以通过新闻的阅读量、转发量、点赞量等指标来衡量。例如，一篇新闻报道如果能够在多个新媒体平台上得到广泛传播，并且吸引了大量用户的关注和互动，那么它的影响力指数就会相应提高。

此外，传播范围还可以考虑新闻在不同地区、不同群体中的传播情况。如果一篇新闻能够在国内外多个地区得到传播，并且引起不同文化背景的用户的关注和讨论，那么它的影响力就会更加广泛。

（2）用户互动程度

用户互动程度是衡量新闻影响力的一个因素。用户的评论、点赞、分享、投票等互动行为可以反映新闻的吸引力和引发讨论的能力。用户互动程度越高，说明新闻的影响力越大。例如，一篇新闻报道如果能够引起大量用户的评论和讨论，并且用户的观点和意见能够形成一定的影响力，那么就表明该新闻的影响力较高。同时，用户互动程度还可以反映新闻的社会价值和意义。如果一篇新闻能够引发用户对社会问题的深入思考和讨论，并且促进社会的进步和发展，那么它的影响力就会更加深远。

（3）新闻的权威性

权威性也是衡量新闻影响力的重要因素之一。权威性高的新闻媒体发布的新闻往往具有更高的可信度和影响力。例如，一些专业的新闻机构、知名的媒体人士发布的消息通常会受到更多用户的关注和信任。此外，新闻的权威性还可以通过新闻的来源、报道的深度和客观性等方面来体现。如果一篇新闻报道能够引用权威的消息来源，并且进行深入的调查和分析，那么它的权威性就会相应提高，影响力也会随之提高。

6.1.3 新媒体平台上的话题

（1）热门话题

新媒体平台经常会出现一些热门话题，这些话题往往能够吸引大量用户的关注和讨论。新闻媒体如果能够深入报道热门话题，并提供有价值的观点和分析，就可以提高新闻的传播效果和影响力。例如，当前的一个热门话题是环保问题，新闻媒体可以围绕环保问题进行深入报道，引发用户对环保问题的关注和思考。

热门话题的热度可以通过搜索量、话题标签的使用频率、相关新闻的阅读量等指标来衡量。如果一个话题的搜索量和话题标签的使用频率较高，并且相关新闻的阅读量也很大，那么这个话题就具有较高的热度。

（2）话题趋势

除了热门话题的热度，话题趋势也可以反映新闻所涉及的话题在一段时间内的发展变化情况。例如，某个话题在一段时间内的搜索量、话题标签的使用频率等指标的变化趋势，可以反映该话题的受关注程度和讨论热度的变化情况。

新闻媒体可以通过关注话题趋势及时调整报道策略，抓住热点话题，提高新闻的传播效果和影响力。同时，话题趋势也可以为新闻媒体提供了解用户需求和兴趣的渠道，帮助他们更好地满足用户获取信息的需求。

6.2　受众反应、互动与传播效果

6.2.1　受众反应的类型与特征

（1）受众反应的类型

①认知反应

受众对新闻内容的理解程度是认知反应的重要方面。表达方式、语言难度、专业术语等因素都会影响受众对一篇文章的理解。例如，一篇科技新闻，如果使用了过多的专业术语而没有进行适当的解释，可能会导致部分受众难以理解。

受众对新闻内容的记忆程度也是认知反应的一部分。新闻的重要性、新颖性、情感共鸣等因素会影响受众对新闻的印象。例如，一些重大事件的新闻报道往往更容易被人记住。

受众对新闻内容的评价包括对新闻的真实性、客观性、深度、广度等方面的评价。受众的评价会受到个人价值观、知识水平、经验等因素的影响。例如，对于同一篇新闻报道，不同的受众可能会有不同的评价，有些人认为报道客观全面，而有些人则可能认为存在偏见或不够深入。

②情感反应

当受众对新闻内容产生共鸣、感到愉悦或受到启发时，可能会产生喜欢的情感反应。例如，一篇温暖感人的人物故事或一篇充满正能量的新闻报道可能会让受众喜欢。

如果新闻内容违背了受众的价值观、道德观或让人感到不适，可能会导致受众厌恶的情感反应。例如，一些负面、暴力血腥的内容或虚假新闻可能会引起受众的厌恶情绪。

当新闻涉及不公正、不平等等问题时，受众可能会产生愤怒的情感反应。例如，一些百姓遭遇不公正待遇的新闻报道可能会引发受众的愤怒情绪。

③行为反应

受众将新闻内容分享到自己的社交媒体平台、聊天群组或推荐给他人。分享行为可以扩大新闻的传播范围，提高新闻的影响力。例如，当受众认为一篇新闻有价值或有趣时，他们可能会将其分享给朋友和家人。

受众对新闻内容进行评论，表达自己的观点和看法。评论可以促进受众之间的交流和讨论，丰富新闻的内容和意义。例如，一些有争议的新闻报道往往能引发大量的评论。

点赞是一种简单的行为反应，表示受众对新闻内容的认可和支持。点赞数量可以反映新闻的受欢迎程度。例如，一些轻松幽默、富有创意的新闻报道可能会获得较多的点赞。

受众积极参与新闻相关的讨论，提出问题、发表意见、分享经验等，是一种深度的行为反应。参与讨论可以促进新闻的传播和互动，提高受众的参与度和忠诚度。例如，一些重大事件的新闻报道可能会引发受众的广泛讨论。

（2）受众反应的特征

①多样性

不同的受众具有不同的背景、价值观、兴趣爱好和需求，因此对同一新闻可能会有不同的反应。例如，对于一篇关于体育赛事的新闻报道，体育爱好者可能会表现出极大的兴趣和热情，而对体育不感兴趣的人可能会无动于衷。

受众反应的多样性还体现在不同的反应类型之间。有些受众可能主要表现出认知反应，对新闻内容进行深入的思考和分析；而有些受众可能更倾向于情感反应，对新闻内容产生强烈的情绪波动；还有些受众则可能通过行为反应来表达自己的态度和观点。

②即时性

在新媒体时代，新闻的传播速度非常快，受众的反应也往往是即时的。受众可以通过社交媒体、新闻评论区等渠道迅速表达自己对新闻的看法和感受。例如，当一个重大事件发生时，受众可能会在几分钟甚至几秒钟内就对新闻进行评论和分享。

即时性的受众反应可以及时为新闻媒体提供反馈，帮助他们了解新闻的传播效果和受众的需求。同时，即时性的反应也可能会对新闻的传播产生影响，例如一些热门话题的讨论可能会迅速扩散，引发更多人的关注和参与。

③主观性

受众反应受到个人因素、社会环境和新闻内容等多种因素的影响，因此具有一定的主观性。个人因素包括受众的知识结构、性格、情绪、价值观、经验等；社会环境包括文化背景、社会氛围、舆论导向等；新闻内容包括新闻的主题、报道角度、表达方式等。

因此，不同的人对同一新闻有不同的理解和评价。然而，主观性并不意味着受众反应是随意的或不可预测的。通过对受众群体的研究和分析，新闻媒体可以发现一些普遍的规律和趋势，从而更好地理解受众反应的特点和影响因素。

6.2.2　受众反馈的收集、分析与应用

（1）受众反馈的收集方式

①问卷调查

问卷调查是一种常见的收集受众反馈的方式。新闻媒体可以通过在线问卷或纸质问卷的形式，向受众询问关于新闻内容、传播渠道、用户体验等方面的问题。

新闻媒体可以设计一份关于某一特定新闻事件的问卷调查，询问受众对该事件的关注度、了解程度、看法和建议等。问卷调查可以针对特定的受众群体进行，也可以面向广泛的公众进行，以获取更全面的反馈信息。

问卷调查的优点是可以收集到大量的结构化数据，便于进行统计分析。同时，问卷调查可以根据研究目的进行定制化设计，针对性强。然而，问卷调查也存在一些局限性，如问卷的设计可能存在偏差，受众的回答可能不真实或不准确，问卷的回收率可能较低等。

②访谈

访谈是一种深入了解受众反馈的方式。新闻媒体可以通过面对面访谈、电话访谈或在线访谈等形式，与受众进行一对一或小组访谈，了解他们对新闻

的看法、需求和建议。

新闻媒体可以邀请一些忠实的受众或具有代表性的受众进行访谈，了解他们对新闻媒体的评价、对某一新闻事件的感受以及对新闻内容和传播策略的建议等。访谈可以采用结构化、半结构化或非结构化的方式，根据研究目的和受众特点进行选择。访谈的优点是可以深入了解受众的想法和感受，获取更丰富、更详细的反馈信息。同时，访谈可以建立良好的沟通关系，提高受众的参与度和满意度。然而，访谈也存在一些局限性，如访谈的成本较高、时间较长，访谈结果的主观性较强等。

③社交媒体评论

社交媒体平台是受众表达意见的重要场所。新闻媒体可以通过监测社交媒体上的评论、点赞、分享等数据，了解受众对新闻的反应和评价。

例如，新闻媒体可以在自己的社交媒体账号上发布新闻内容，并关注受众的评论和反馈。社交媒体评论具有实时性、互动性和广泛性的特点，可以快速反映受众的意见和情绪。

社交媒体评论的优点是可以获取大量的实时反馈信息，了解受众的热点关注和需求。同时，社交媒体评论可以促进受众之间的交流和互动，形成舆论氛围。然而，社交媒体评论也存在一些局限性，如评论的真实性和可靠性难以保证，评论的质量参差不齐，分析和处理难度较大等。

④在线论坛

在线论坛是受众进行交流和讨论的平台。新闻媒体可以通过参与在线论坛或建立自己的在线论坛，了解受众对新闻的看法和建议。

新闻媒体可以在一些热门的在线论坛上关注与自己相关的话题，了解受众的讨论和反馈。或者新闻媒体可以建立自己的在线论坛，邀请受众参与讨论，收集他们的意见和建议。

在线论坛具有专业性、深度性和互动性的特点，可以促进受众之间的深入交流和讨论。在线论坛的优点是可以获取到专业、深入的反馈信息，了解受众的专业知识和见解。同时，在线论坛可以促进受众之间的互动和合作，形成良好的社区氛围。然而，在线论坛也存在一些局限性，如论坛的用户群体相对较小，参与度可能不高，管理和维护成本较高等。

（2）受众反馈的分析方法

①文本分析

文本分析是一种对受众反馈中的文本内容进行分析的方法。通过对受众反馈中的文字进行词频分析、主题分析、情感分析等，可以了解受众的关注点、意见和情绪。通过词频分析可以了解受众在反馈中最常提到的关键词，从而了解受众的热点关注和需求。通过主题分析可以将受众反馈中的文本内容进行分类和归纳，了解受众的主要意见和建议。通过情感分析可以了解受众对新闻的情感倾向，如积极、消极或中性等。

文本分析的优点是可以对大量的文本内容进行快速、准确的分析，提取有价值的信息。同时，文本分析可以采用自动化的方法进行，提高分析效率和准确性。然而，文本分析也存在一些局限性，如分析结果可能受到文本内容的质量和数量的影响，分析方法的选择和参数设置可能影响分析结果等。

②情感分析

情感分析是一种对受众反馈中的情感倾向进行分析的方法。通过对受众反馈中的文字、表情符号等进行分析，可以了解受众对新闻的喜欢、厌恶、愤怒等情感反应。

用户评论中的表情符号可以揭示其对新闻的情感倾向。情感分析可以采用机器学习、深度学习等技术进行，提高分析的准确性和效率。情感分析的优点是可以快速了解受众的情感反应，为新闻媒体的内容创作和传播策略提供参考。同时，情感分析可以对大量的反馈数据进行实时分析，及时了解受众的情绪变化。然而，情感分析也存在一些局限性，如情感分析的准确性可能受到语言表达的多样性和复杂性的影响，分析结果可能存在一定的误差等。

③大数据分析

大数据分析是一种对大量的受众反馈数据进行分析的方法。通过对受众反馈中的浏览记录、搜索行为、社交互动等数据进行分析，可以了解受众的兴趣爱好、需求和行为模式。

例如，分析受众的浏览记录，可以了解受众对不同类型新闻的关注度和兴趣点；分析受众的搜索行为，可以了解受众的信息需求和关注重点；分析受众的社交互动行为，可以了解受众的社交圈子和影响力。

大数据分析的优点是可以对大量的数据进行快速、准确的分析，提取有价值的信息。同时，大数据分析可以采用先进的数据分析技术和算法，提高分析的效率和准确性。然而，大数据分析也存在一些局限性，如数据的隐私和安全问题，分析结果的解释和应用难度较大等。

（3）受众反馈的应用

①评估新闻的传播效果

受众反馈可以用于评估新闻的传播效果。通过分析受众的反馈数据，可以了解新闻的关注度、影响力、满意度等指标，从而评估新闻的传播效果。

分析社交媒体上的点赞、评论、分享等数据，可以了解新闻的受欢迎程度和传播范围。通过分析问卷调查中的数据，可以了解受众对新闻的评价和满意度。通过分析在线论坛中的讨论和反馈，可以了解新闻的深度和影响力。评估新闻的传播效果可以帮助新闻媒体了解自己的优势和不足，及时调整新闻内容和传播策略，提高新闻的质量和传播效果。

②了解受众需求

受众反馈可以让新闻媒体了解受众的需求和意见。受众的反馈数据反映了受众对新闻内容、传播渠道、用户体验等方面的需求和意见，从而为新闻媒体的内容创作和传播策略提供参考。

分析受众的搜索行为和浏览记录，可以了解受众的信息需求和兴趣点；分析受众的评论和反馈，可以了解受众对新闻内容的评价和建议；分析受众的社交互动，可以了解受众的社交圈子和影响力。了解受众需求可以帮助新闻媒体更好地满足受众的需求，提高受众的满意度和忠诚度。

③改进新闻内容和传播策略

受众反馈可以用于改进新闻内容和传播策略。通过分析受众的反馈数据，可以了解新闻的不足之处和改进方向，从而为新闻媒体的内容创作和传播策略提供参考。

分析受众的社交互动情况，可以了解新闻的传播渠道和方式的效果，从而进行调整和优化；改进新闻内容和传播策略可以提高新闻的质量和传播效果，满足受众的需求和期望。

6.3　新闻传播的社会影响与长远效应

6.3.1　新闻对公众意见的影响

（1）新闻塑造公众认知和价值观

①提供信息与知识

新闻通过报道各种事件、现象和问题，为公众提供了丰富的信息和知识。这些信息涵盖了政治、经济、文化、科技、社会等各个领域，使公众能够了解世界的动态和变化。

关于科技创新的新闻报道可以让公众了解到最新的科技成果和发展趋势，拓宽公众的视野，激发公众对科学技术的兴趣和关注。新闻中的专业分析和解读也能够帮助公众更好地理解复杂的社会问题，提高公众的认知水平。通过长期接触不同类型的新闻，公众逐渐形成对世界的认知框架，这种认知框架会影响公众对事件的看法和判断。

②传播价值观

新闻媒体在报道中往往会传达一定的价值观。这些价值观可能是社会普遍认可的道德规范、公平正义观念，也可能是特定的理念、文化传统等。

新闻报道中对见义勇为、助人为乐等行为的赞扬，传递了积极向上的价值观；对腐败、不公正等现象的批判，强化了公众对公平正义的追求。新闻媒体还可以通过专题报道、人物访谈等形式，深入挖掘和传播优秀的传统文化和价值观，增强公众的文化自信和民族自豪感。公众在接收新闻信息的同时也会受到其中所传达的价值观的影响，逐渐形成自己的价值观念体系。这种价值观念体系会指导公众的行为和决策，影响社会的发展方向。

（2）新闻引导公众关注焦点和议题讨论

新闻媒体具有设置议程的功能，即通过选择报道的主题和内容，引导公众关注特定的问题和事件。新闻媒体可以根据社会热点、公众需求和正确的价值取向，确定报道的重点和方向。在重大灾害发生时，新闻媒体会集中报道灾害的情况、救援进展和受灾群众的需求，引导公众关注灾害救援和灾后重建工作。新闻媒体能够将公众的注意力聚焦在特定的问题上，引发公众的讨论和思考，推动社会问题的解决。

此外，新闻媒体可以通过提出问题、分析问题、提供不同的观点和意见等方式，激发公众的思考和辩论。一篇关于社会热点问题的新闻报道可能会引发公众对该问题的不同看法和观点，公众会在社交媒体、评论区等平台上进行讨论和交流。这种讨论和交流可以促进公众对问题的深入理解，形成多元化的意见和建议，为政策制定和社会决策提供参考。新闻媒体还可以通过举办座谈会、辩论会等活动，邀请专家学者、政府官员和公众代表参与讨论，进一步扩大议题的影响力和社会关注度。

（3）新闻影响公众情绪和情感

新闻报道中的人物故事、情感冲突和社会问题等内容往往能够激发公众的情感共鸣。当公众看到新闻中的人物遭遇不幸、面临困境或展现出勇敢、善良等品质时，会产生同情、感动等情感反应。例如，一篇关于贫困地区儿童教育问题的新闻报道可能会让公众感到同情和关切，激发公众的爱心和责任感；一篇关于英雄人物事迹的新闻报道可能会让公众感到敬佩和感动，激发公众的爱国情怀和民族精神。情感共鸣可以促使公众更加关注新闻事件，积极参与相关的公益活动和社会行动，为解决社会问题贡献自己的力量。

而负面新闻如灾难、犯罪、冲突等可能会让公众产生焦虑、恐惧、愤怒等负面情绪。新闻媒体可以通过合理的报道策略，平衡正面新闻和负面新闻的比例，调节公众的情绪状态，营造积极向上的社会氛围。

6.3.2 新闻传播在社会发展中的作用

(1) 揭露社会问题，推动社会改革

新闻媒体通过深入的调查和报道，将那些被忽视或隐藏的社会问题暴露在公众面前，引发广泛的关注，并激发公众对问题的深入分析和探讨，形成不同的观点和意见。这种讨论有助于提高公众的社会责任感和参与意识，促使他们积极参与到社会改革中来。例如，在关于医疗改革的新闻报道中，公众可以就医疗资源分配、医保制度等问题展开讨论，为医疗改革提供民意基础。同时，讨论也能为决策者提供更多的思路和参考，促进社会改革方案的不断完善。

此外，持续的新闻报道可以形成强大的舆论压力，促使相关部门加大对社会问题的治理力度。例如，对食品安全问题的曝光，可能促使相关企业和行业加强对食品生产、流通环节的监管，保障公众的身体健康。

（2）传播新思想、新理念，促进社会文化创新

新闻传播是新思想、新理念传播的重要渠道。对国内外先进经验和创新理念的报道可以为社会带来新的思维方式和发展方向。例如，对科技创新成果的报道，能够激发人们的创新意识，推动科技在各个领域的应用和发展。对国外先进教育理念的介绍，能够促进国内教育改革，培养具有创新精神和国际视野的人才。新闻媒体还可以关注社会文化领域的新动态，传播多元文化价值观，丰富社会文化内涵。

新闻传播能够为社会文化创新营造良好的氛围。通过对创新人物、创新企业的宣传报道，激发社会的创新活力，鼓励更多的人勇于创新、敢于尝试。例如，对创业成功案例的报道，可以激励年轻人积极投身创业创新，为经济社会发展注入新的动力。同时，新闻媒体还可以组织各种创新论坛、研讨会等活动，为不同领域的创新者提供交流合作的平台，促进创新成果的转化和应用。

新闻传播在社会文化发展中起着引领和推动作用。对优秀传统文化的传承和弘扬，以及对现代文化的创新和发展，可以促进社会文化的繁荣。例如，对非物质文化遗产的报道，能够唤起公众对传统文化的保护意识，推动传统文化的传承与发展。对当代艺术、文学作品的宣传，能够丰富人们的精神文化生活，提升社会文化品位。新闻媒体还可以通过对社会热点文化现象的分析和评论，引导社会文化价值取向，促进社会文化的健康发展。

第7章 新闻传播技术应用与融合

7.1 新媒体技术的前沿发展与影响

7.1.1 5G、物联网与新闻传播的新机遇

（1）5G助力高清视频直播与新闻现场报道

5G技术的高速率和低延迟特性是实现高清视频直播流畅传输的关键。高速率能够支持每秒数吉比特（Gbps）的数据传输速度，相比4G有了质的飞跃，这使得高清视频信号能够快速、稳定地从新闻现场传输到观众端。低延迟则将传输延迟降低到毫秒级别，几乎实现了实时传输，让观众能够在第一时间知晓新闻事件的最新进展。

2022年冬奥会期间，在多个比赛场馆，记者们使用5G技术进行现场直播报道。例如在滑雪比赛现场，记者通过5G云转播背包（一种集成了5G通信模块的便携式设备）将运动员在雪道上飞驰的高清视频实时传输给全球观众。

据相关统计，5G网络下的视频传输速率比4G提升了数十倍，达到了每秒1—2Gbps的速度。观众能够观看分辨率高达4K甚至8K的超高清视频画面，甚至可以观看到运动员的每一个动作细节和比赛现场的环境氛围。而且，直播延迟时间控制在10毫秒以内，使得观众观看延迟几乎可以忽略不计。这种高清流畅的直播报道吸引了全球数十亿观众的关注，极大地提高了冬奥会的传播效果和影响力。

（2）5G与物联网结合拓展新闻数据来源

物联网通过各种传感器和智能设备采集现实世界中的各种数据。在新闻传播领域，这些物联网设备可以广泛分布于不同的环境中，收集包括环境数据、社会数据、用户行为数据等多维度信息。例如，空气质量传感器可以实时监测空气中的污染物浓度、温度、湿度等数据；交通流量传感器能够记录道路上车辆的行驶速度、流量等信息；智能穿戴设备可以收集用户的运动数据、健康

数据等。这些数据通过 5G 网络快速传输到新闻平台，经过分析和处理后，为新闻报道提供更加丰富、全面的素材和视角。

（3）5G 推动 VR 和 AR 技术在新闻传播中的应用

5G 的高速率和大容量为虚拟现实（VR）和增强现实（AR）技术在新闻传播中的应用提供了有力支持。VR 技术可以让观众完全沉浸在虚拟的新闻场景中。通过 360 度全景视频和交互功能，观众仿佛置身于新闻事件现场。例如，在灾难报道中，观众可以通过 VR 设备“走进”灾区，感受现场的破坏情况和救援工作的紧张氛围。AR 技术则将虚拟信息与现实场景相结合，为新闻报道增添更多的互动性。比如在历史文化新闻报道中，通过 AR 技术可以在现实的历史遗迹上叠加虚拟的历史场景还原、人物介绍等信息，让观众更加直观地了解历史事件。

7.1.2　区块链在内容验证与版权保护中的角色

（1）区块链用于新闻内容验证

区块链去中心化和不可篡改的特性是其用于新闻内容验证的核心。当新闻内容产生时，系统会通过哈希算法计算出该内容的唯一哈希值。这个哈希值就如同新闻内容的“数字指纹”，具有唯一性和确定性。然后，将这个哈希值记录到区块链的分布式账本中。由于区块链上的每个节点都保存着完整的账本副本，并且任何对数据的修改都需要经过网络中大多数节点的共识验证，所以一旦新闻内容被记录在区块链上，就几乎不可能被篡改而不被察觉。

新闻机构或内容创作者可以在发布新闻内容的同时，将其对应的哈希值公开，供读者和其他相关方进行验证。读者可以使用相应的工具或通过特定的区块链浏览器，获取新闻内容的哈希值，并与区块链上存储的原始哈希值进行比对。如果两者一致，则说明新闻内容在从发布到被验证的过程中没有被篡改，确保了其真实性和完整性。

（2）区块链用于版权保护

① 版权信息存储与归属明确

在区块链上存储新闻作品的版权信息，包括作者、创作时间、作品内容摘要等关键信息，可以为版权归属提供明确的证据。每当一个新闻作品创作完成，创作者可以将这些版权信息打包成一个数据块，并通过区块链的加密算法和共识机制记录到区块链上。由于区块链的不可篡改特性，这些版权信息一旦记录就无法被随意更改，确保了版权归属的永久性和可靠性。

例如，一位摄影记者拍摄了一组具有重要新闻价值的照片，他可以在发布这些照片的同时，将自己的身份信息、拍摄时间、照片的相关描述等版权信息存储到区块链上。这样，无论在何时何地，只要需要验证这些照片的版权归属，都可以通过查询区块链上的记录来确定真正的作者和版权所有者。

②防止版权纠纷与自动交易授权

区块链的可追溯性使得版权流转过程清晰透明，能够有效防止版权纠纷的发生。每一次版权的转让、授权使用等交易行为都可以被记录在区块链上，形成一个完整的版权交易链条。当出现版权争议时，通过查看区块链上的交易记录，就可以明确版权的流转路径和当前的归属情况，为解决纠纷提供有力的证据支持。

借助智能合约技术，区块链可以实现版权的自动交易和授权。智能合约是一种自动执行的合约条款，当满足预设的条件时，合约会自动执行相应的操作。在版权交易中，创作者可以在区块链上设定智能合约，规定版权的使用条件、价格、授权期限等条款。当有用户想要使用该新闻作品时，只要满足智能合约中设定的条件，如支付相应的费用，系统就会自动完成版权授权交易，并将授权记录存储在区块链上。

7.1.3 智能设备在新闻传播中的创新应用

（1）智能音箱的新闻传播应用

智能音箱可以放置在家庭的各个房间、办公室等场所，用户在做家务、工作间歇等双手被占用的情况下，只需通过语音指令就能获取新闻资讯。例如，早上起床后，用户可以对着智能音箱说“播放今天的头条新闻”，音箱便会立即播放相关新闻内容。这种便捷的新闻获取方式，极大地提高了新闻的传播范围和用户的接收频率。

智能音箱能够根据用户的使用习惯和偏好，为用户提供个性化的新闻播报。通过对用户日常询问的新闻类型、关注的话题等数据的分析，智能音箱可以逐渐了解用户的兴趣点，从而推送符合用户口味的新闻。例如，有的用户经常询问体育新闻，智能音箱就会在每次播报时优先推送体育相关的新闻资讯。

一些智能音箱还支持用户与新闻内容进行互动和讨论。用户在听完新闻后，可以发表自己的看法和观点，智能音箱会将这些信息上传到云端，与其他用户进行交流和分享。

（2）可穿戴设备的新闻传播应用

① 智能手表的新闻推送与提醒

智能手表具有便携性和实时连接性，能够随时随地为用户提供新闻提醒。当有重大新闻事件发生时，智能手表会立即推送通知，让用户第一时间了解最新动态。

智能手表可以监测用户的健康数据、运动数据等信息，根据这些数据为用户推送相关的新闻内容。例如，如果用户经常进行跑步锻炼，智能手表可能会推送一些体育赛事新闻、运动健康知识等方面的新闻。

② 智能眼镜的新闻传播创新

智能眼镜可以通过增强现实技术，将新闻内容以更加生动、形象的方式展示给用户。例如，在报道历史事件时，智能眼镜可以在用户眼前呈现出历史场景的虚拟画面，让用户更加直观地了解历史事件的发生背景和过程；在报道科技新闻时，可以通过增强现实技术展示产品的三维模型并进行功能演示，让用户更加深入地了解科技产品的特点和优势。英国《卫报》曾推出过一款基于智能眼镜的增强现实新闻应用，用户通过智能眼镜可以观看新闻报道中的虚拟场景和动画演示，增强了新闻的可读性和吸引力。

（3）智能设备与人工智能结合的新闻传播应用

第一，智能设备收集用户的行为数据，如浏览新闻的时间、频率、关注的话题等，人工智能算法对这些数据进行分析和处理，为用户提供更加精准的新闻推荐。

第二，人工智能可以根据智能设备收集的数据和新闻事件的相关信息，自动生成新闻稿件。例如，在体育赛事报道中，人工智能可以根据比赛的实时数据、运动员的表现等信息，快速生成比赛报道。

第三，智能设备和人工智能结合可以对新闻内容进行智能审核，提高新闻的质量。人工智能算法可以对新闻稿件中的文字、图片、视频等内容进行分析和检测，识别出虚假信息、敏感内容等，确保新闻的真实性和合法性。

7.2 技术伦理、法规与新闻传播的融合

7.2.1 技术应用中的隐私保护与数据安全

（1）明确告知用户数据收集情况

①法律法规与用户权益的要求

在当今数字化的环境下，用户数据的保护受到越来越多法律法规的约束。例如，欧盟的《通用数据保护条例》（GDPR）就明确规定了企业和组织在收集用户数据时必须遵循透明性原则，要向用户清楚地说明数据收集的目的、范围和方式等。

从用户权益的角度来看，用户作为数据的所有者，有权知道自己的数据将被如何使用。新闻媒体在收集用户数据时，无论是通过网站的注册信息、用户的浏览行为记录，还是其他途径，都必须依法履行告知义务。如果新闻媒体忽视这一要求，可能会面临严重的法律后果，如高额罚款等。

这一告知行为也是新闻媒体与用户之间建立信任关系的基石。当用户清楚了解到新闻媒体收集数据的目的，例如是为了提供个性化的新闻推荐、改善用户体验，还是进行市场调研等，并且知道数据收集的范围（是仅收集基本的注册信息，还是包括浏览历史、地理位置等更多信息）以及收集方式（是通过 Cookie 技术，还是其他方式），他们会更愿意与新闻媒体进行互动。

②影响新闻媒体与用户的互动和传播效果

对于新闻媒体来说，用户的信任是其可持续发展的关键。如果用户对数据收集情况感到担忧或不信任，可能会导致一系列不良后果。首先，用户可能会拒绝提供某些数据，这可能会影响新闻媒体为用户提供个性化服务的能力。例如，新闻媒体无法准确地根据用户的兴趣偏好推送新闻内容，从而降低用户体验。其次，用户可能会减少与新闻媒体的互动，如不再参与新闻评论、分享等活动。在社交媒体时代，用户的互动对于新闻的传播至关重要，缺乏互动会使新闻的传播范围受限，传播效果大打折扣。

例如，某新闻网站在未经用户明确同意的情况下收集用户的浏览历史用于广告精准投放，当用户发现后，大量用户选择不再访问该网站，并且在社交媒体上对其进行负面评价，导致该网站的流量和声誉急剧下降。

③提升新闻媒体行业声誉的必要举措

在竞争激烈的新闻媒体市场中，声誉是一种宝贵的资产。通过明确告知用户数据收集情况，新闻媒体能够展现出其对用户权益的尊重和保护，从而提升自身在行业内的声誉。一个注重用户隐私保护的新闻媒体更容易获得用户的认可和好评，从而吸引更多的用户关注。

此外，这也有助于整个新闻媒体行业的健康发展。当更多的新闻媒体重视并积极履行告知义务时，会提高整个行业在用户心目中的形象，增强用户对新闻媒体行业的信任，促进新闻媒体行业与用户之间的良性互动。

（2）采取严格的数据加密和安全措施

①数据泄露的危害

新闻媒体收集的用户数据往往包含大量的个人隐私信息，如姓名、年龄、联系方式、浏览偏好等，部分还可能涉及用户的财务信息（如在新闻媒体的付费服务中）。一旦这些数据发生泄露，对用户的影响是极其严重的。例如，用户的个人信息可能被不法分子用于诈骗活动，他们可能伪装成新闻媒体或其他正规机构，以获取用户更多的敏感信息或者诱导用户进行资金转账。

从财产安全方面来看，黑客可能利用泄露的财务信息直接盗取用户的资金，或者进行信用卡盗刷等行为。在个人隐私方面，用户的浏览偏好等信息如果被滥用，可能会导致用户收到大量的垃圾邮件、骚扰电话或不适当的广告推送，严重干扰用户的正常生活。

对于新闻媒体自身而言，数据泄露事件将带来巨大的法律风险和声誉损失。从法律角度，新闻媒体可能会因违反数据保护相关法律法规而面临诉讼和巨额罚款。在声誉方面，数据泄露事件一旦被曝光，用户会对新闻媒体的安全性产生怀疑，从而导致用户流失。例如，某知名新闻媒体曾发生数据泄露事件，大量用户的注册信息被泄露，事件发生后，该媒体的用户注册量明显下降，并且许多合作伙伴也对其安全性表示担忧，影响了合作关系。

②数据加密和安全措施

数据加密是保护用户数据安全的核心技术手段之一。通过加密算法，将用户数据转化为密文形式进行传输和存储，即使数据在传输过程中被窃取或者存储设备被非法访问，黑客也难以获取原始数据内容。例如，对称加密算法（如 AES）和非对称加密算法（如 RSA）在数据安全保护中都有着广泛的应用。

在数据存储方面，新闻媒体需要采用安全的存储方式，如使用专业的加密存储设备或云存储服务提供商提供的加密存储方案。同时，在数据传输过程中，要确保使用安全的传输协议（如 HTTPS），防止数据在传输过程中被篡改或窃取。此外，新闻媒体还需要建立数据安全监控和预警机制，实时监测数据的安全状态，一旦发现异常情况能够及时采取措施进行应对，如阻断数据传输、启动数据备份恢复等操作。

（3）建立健全的数据管理制度

①避免数据滥用和误操作

明确数据的使用权限和责任是数据管理制度的重要内容。在新闻媒体组织内部，不同部门和人员对数据的需求和使用目的可能不同。例如，编辑部门可能需要用户的浏览历史数据来了解用户的阅读兴趣，以便调整新闻内容的选题和编排；而市场部门可能需要用户的基本信息来进行市场推广活动。通过建立明确的数据使用权限制度，能够确保每个部门和人员只能在规定的权限范围内使用数据，避免数据被内部人员随意滥用。

同时，明确责任也有助于防止数据的误操作。当每个人员都清楚自己在数据处理过程中的责任时，如果发生数据错误或安全问题，可以及时追溯到相关责任人并进行处理。例如，如果某个员工因为误操作删除了重要的用户数据，由于有明确的责任制度，可以迅速确定责任并采取数据恢复措施，减少损失。

②规范数据处理流程与提高数据质量

一个完善的数据管理制度可以规范新闻媒体从数据收集、存储、处理到最终使用的整个流程。在数据收集阶段，按照规定的标准和方式进行收集，确保数据的准确性和完整性。在存储阶段，遵循安全的存储策略，保证数据的安全。在处理阶段，采用科学合理的数据分析方法，提高数据处理的效率和准确性。例如，数据清洗和预处理可以去除无效数据和噪声数据，提高数据的质量。

规范的数据处理流程有助于提高数据的可用性。对于新闻媒体来说，高质量的数据能够为其业务发展提供有力支持。例如，在个性化新闻推荐方面，准确的用户数据可以使推荐算法更加精准，提高用户对推荐新闻的满意度，从而增加用户对新闻媒体的黏性。

7.2.2　算法透明度、公平性与伦理问题

（1）算法透明度的重要性

算法透明度对于新闻传播至关重要。在信息时代，用户依赖新闻媒体获取信息，但如果算法不透明，用户无法理解新闻推荐的依据，可能会对推荐结果产生怀疑，进而影响用户对新闻媒体的信任度。此外，缺乏透明度也可能导致算法被滥用，损害公众利益和社会公平。只有当新闻媒体确保算法透明，让用户了解其工作原理和推荐过程，用户才能更好地评估所接收信息的可靠性和客观性，同时也有助于促进新闻行业的健康发展和社会监督。

（2）算法公平性的保障

算法的公平性是新闻传播中必须关注的问题。如果算法对不同用户群体产生歧视性的推荐结果，可能会加剧社会的不平等和信息鸿沟。例如，基于用户的地域、性别、年龄等因素进行不合理的差异化推荐，可能导致某些群体无法获取全面、客观的新闻信息，影响他们对社会事务的认知和参与。确保算法公平性，能够保障每位用户都有平等的机会获取到多样化的新闻内容，促进信息的公平传播和社会的和谐发展。

（3）算法伦理问题的关注

算法在新闻传播中的伦理问题不容忽视。如果算法被用于传播虚假信息、煽动仇恨情绪等不良目的，可能会对社会秩序和公众心理造成严重的负面影响。虚假信息可能误导公众决策，引发社会恐慌；煽动仇恨情绪则可能加剧社会矛盾和冲突，破坏社会的和谐稳定。新闻媒体作为信息传播的重要渠道，有责任关注算法的伦理问题，建立健全的审查机制，确保算法的使用符合伦理道德和法律法规，为社会营造健康、积极的信息环境。

7.2.3　技术伦理的监管框架与行业指导

（1）政府部门的监管举措

① 制定法律法规和政策措施

政府需要制定明确的法律法规，对新闻传播技术应用中的各种行为进行规范。例如，在网络信息传播方面，我国制定了《中华人民共和国网络安全法》《互联网新闻信息服务管理规定》等法律法规，明确了新闻信息服务提供者的责任和义务，规范了新闻内容的采编、发布、传播等环节。这些法律法规为新闻传播技术的应用提供了基本的法律框架，保障了新闻传播的合法性

和规范性。

②加强执法和监督

政府部门应加大执法力度，对违反新闻传播技术伦理规范的行为进行严厉打击。例如，在“打击新闻敲诈和假新闻专项行动”中，政府部门对一些通过网络平台进行新闻敲诈、发布假新闻的媒体和个人进行了查处，维护了新闻传播的正常秩序。此外，政府还可以通过建立监督机制，对新闻媒体的技术应用行为进行定期检查和评估，确保其行为符合伦理规范。

2023 年，中央网信办开展了“清朗·从严整治‘自媒体’乱象”专项行动。在该行动中，相关部门查处了一大批违规的自媒体账号，这些账号有的编造虚假信息，有的利用技术手段恶意刷量、刷粉，严重违反了新闻传播的伦理规范。通过这次专项行动，有效净化了网络新闻传播环境，维护了公众的知情权和合法权益。据官方数据统计，此次行动共处置了数十万违规自媒体账号，对整个行业起到了强大的震慑作用。

（2）新闻行业的自律措施

①制定行业伦理规范和标准

新闻行业协会、媒体机构等应共同制定行业伦理规范和标准，明确新闻工作者在技术应用中的道德责任和行为准则。例如，中国记协制定了《中国新闻工作者职业道德准则》，强调新闻工作者要坚持正确的舆论导向，维护新闻的真实性、客观性和公正性，这为新闻媒体在技术应用中遵守伦理原则提供了指导。

②建立自律组织和监督机制

行业内可以成立自律组织，对新闻媒体的技术应用行为进行监督和管理。同时，建立举报机制，鼓励公众对违反伦理规范的行为进行举报。例如，一些媒体机构内部设立了伦理委员会，对新闻报道的选题、采编、发布等环节进行审查，确保各环节均符合伦理规范。此外，一些新闻行业协会还开通了举报热线和网络举报平台，方便公众对不良新闻行为进行举报。

（3）技术伦理咨询机构的作用

①提供咨询和指导服务

技术伦理咨询机构可以为新闻媒体提供技术伦理方面的专业咨询和指导，帮助新闻媒体解决在技术应用中遇到的伦理问题。例如，咨询机构可以为新闻媒体提供关于数据隐私保护、算法推荐的公正性、人工智能在新闻生产中的应用等方面的咨询服务，帮助新闻媒体制定合理的技术应用策略。

②开展培训和教育活动

咨询机构还可以开展培训和教育活动，提高新闻工作者的技术伦理意识和能力。通过举办培训班、研讨会等形式，向新闻工作者普及技术伦理知识，培养他们的伦理判断能力和责任意识。

第三篇　策略与实践

第8章　新闻传播策略的优化与创新实践

8.1　新闻传播策略的理论框架与实践

8.1.1　目标受众分析与策略定位

（1）目标受众分析的重要性

①提高传播效果

只有深入了解目标受众的特征和需求，才能制定出有针对性的新闻传播策略，从而提高新闻的传播效果。如果不了解目标受众，新闻传播就可能变成无的放矢，无法引起受众的关注和共鸣。对于年轻受众，他们更倾向于通过社交媒体获取新闻。他们喜欢简短、生动、有趣的内容。如果新闻传播策略没有考虑到这些特点，仍然采用传统的新闻报道方式，就很难吸引年轻受众的关注。

②满足受众需求

分析目标受众可以帮助新闻媒体更好地了解受众的需求和兴趣，从而提供更符合他们需求的新闻内容。受众在获取新闻时，往往希望能够得到对自己有价值、有意义的信息。比如，对于专业人士来说，他们更关注行业动态、专业知识和深度分析。如果新闻媒体能够针对他们的需求提供专业的内容，就能够满足他们的信息需求，提高他们对新闻媒体的满意度。

③增强竞争力

在激烈的新闻市场竞争中，准确分析目标受众并进行策略定位可以帮助新闻媒体脱颖而出。不同的新闻媒体可能有不同的目标受众，通过精准定位，可以更好地满足特定受众的需求，从而在竞争中占据优势。

例如，一些财经新闻媒体专注于为投资者和商务人士提供财经新闻和分析，通过深入了解这一目标受众群体的需求，提供专业、及时、准确的财经信息，从而在财经新闻领域树立了自己的品牌和竞争力。

（2）目标受众的特征分析

①年龄

不同年龄段的受众对新闻的需求和偏好有所不同。年轻人通常更关注时尚、娱乐、科技等领域的新闻，喜欢新颖、互动性强的新闻传播方式。而中老年人则更关注政治、经济、健康等方面的新闻，更倾向于传统的新闻媒体渠道。例如，对于青少年受众，新闻传播可以采用动漫、游戏等形式，将新闻内容融入其中，增加趣味性和吸引力。对于老年受众，可以通过电视、报纸等传统媒体渠道，提供大字版、易读性强的新闻内容。

②性别

性别也会影响受众对新闻的需求和偏好。男性受众可能更关注体育、军事、科技等领域的新闻，而女性受众则更关注时尚、美容、家庭等方面的新闻。

③兴趣爱好

受众的兴趣爱好是新闻传播策略定位的重要依据。了解受众的兴趣爱好，可以为他们提供更符合他们兴趣的新闻内容，提高新闻的吸引力和传播效果。例如，如果目标受众是音乐爱好者，可以提供音乐新闻、演唱会报道、音乐人物专访等内容；如果目标受众是旅游爱好者，可以提供旅游资讯、景点推荐、旅游攻略等内容。

④消费习惯

受众的消费习惯也会影响他们对新闻的需求和偏好。例如，一些消费者可能更关注奢侈品、高端旅游、金融投资等方面的新闻；而另一些消费者则更关注实惠购物、生活小窍门、民生新闻等内容。新闻媒体可以根据受众的消费习惯，提供相应的新闻内容和广告服务，实现精准营销。

⑤获取新闻的渠道和方式

不同受众获取新闻的渠道和方式也有所不同。一些受众习惯通过传统媒体渠道获取新闻，如电视、报纸、广播等；而一些受众则更倾向于通过新媒体渠道获取新闻，如社交媒体、新闻客户端、短视频平台等。了解受众获取新闻的渠道和方式，可以帮助新闻媒体更好地选择传播渠道，提高新闻的传播效果。例如，如果目标受众主要通过社交媒体获取新闻，新闻媒体可以在社交媒体平台上通过发布吸引人的标题、图片和视频，吸引受众的关注和转发。

（3）策略定位的方法

①明确新闻传播的目标和方向

根据目标受众的特点，确定新闻传播的目标和方向。新闻传播的目标可以是提高品牌知名度、增加受众数量、提高受众满意度等。方向可以是政治新闻、经济新闻、娱乐新闻、科技新闻等。例如，如果目标受众是年轻的科技爱好者，新闻传播的目标可以是提高品牌在科技领域的知名度，方向可以是科技新闻、科技创新、科技产品评测等。

②选择合适的新闻传播方式

根据目标受众的特点和获取新闻的渠道，选择合适的新闻传播方式。可以采用传统媒体和新媒体相结合的方式，也可以根据受众的需求和偏好，选择特定的新闻传播方式。比如，如果目标受众是年轻人，可以采用社交媒体、短视频等新媒体传播方式，增加新闻的互动性和趣味性；如果目标受众是专业人士，可以采用行业报告、专家访谈等传统媒体传播方式，提供深度、专业的新闻内容。

③打造独特的新闻品牌形象

通过新闻内容、传播方式、品牌宣传等方面，打造独特的新闻品牌形象。品牌形象可以是权威、专业、时尚、有趣等，要根据目标受众的特点和需求来确定。例如，如果目标受众是高端商务人士，新闻媒体可以打造权威、专业的品牌形象，并提供高质量的财经新闻和分析；如果目标受众是年轻人，可以打造时尚、有趣的新闻品牌形象，通过新颖的传播方式和内容形式，吸引年轻受众的关注。

8.1.2　新闻内容、形式与渠道策略

（1）优质的新闻内容重要性及策略

①吸引力

新闻内容必须具有吸引力，才能在海量信息中脱颖而出，吸引目标受众的关注。可以通过独特的视角、精彩的故事、引人入胜的标题等方式来增加内容的吸引力。例如，对于社会热点事件的报道，可以从不同的角度切入，挖

掘事件背后的故事和人性，让读者产生共鸣。同时，运用生动形象的语言和富有创意的标题，激发读者的好奇心和阅读欲望。

②价值

具有价值的内容能够满足目标受众的需求，为他们提供有用的信息、知识或观点。可以通过深入的调查研究、专业的分析解读、实用的建议指导等方式来提升内容的价值性。例如，在财经新闻领域，提供准确的市场分析、投资建议和行业趋势预测；在科技新闻方面，介绍最新的科技成果和创新应用，为读者开拓视野，使其了解科技发展的前沿动态。

③时效性

新闻的时效性至关重要，及时发布最新的信息能够满足受众对时事的关注需求。建立快速的新闻采集和发布机制，确保在第一时间将重要新闻传递给受众。例如，在突发事件发生时，新闻媒体应迅速派出记者进行现场报道，通过社交媒体、新闻客户端等渠道及时发布最新消息，让受众了解事件的进展情况。

（2）内容展现形式的多样化

①文字

文字是新闻传播的传统形式，具有准确、详细的特点。可以通过撰写深度报道、新闻评论、人物专访等形式，为受众提供丰富的信息和深入的分析。例如，对于重大政策的解读，可以采用文字形式进行详细的分析和阐述，帮助受众理解政策的背景、目的和影响。

②图片

图片具有直观、生动的特点，能够迅速吸引受众的注意力。拍摄新闻照片、制作图片故事、使用图表和插图等方式可以增强新闻的视觉效果。例如，在自然灾害、重大事故等新闻报道中，现场照片能够让受众更直观地了解事件的严重程度和影响范围。在数据新闻中，使用图表和插图可以更清晰地展示数据的变化和趋势。

③视频

视频具有丰富的表现力和感染力，能够生动地呈现新闻事件。制作新闻视频、纪录片、短视频等形式可以满足不同受众的观看需求。例如，对于重大活动的报道，可以制作视频新闻，让受众感受现场的氛围。在人物故事的讲述中，纪录片形式能够更深入地展现人物的经历和情感。短视频则适合在社交媒体平台上快速传播，吸引年轻受众的关注。

④音频

音频具有便捷、伴随性强的特点，适合在移动场景下收听。制作广播新闻、音频故事、播客等形式可以为受众提供多样化的新闻体验。例如，在上下班途中、运动健身等场景下，受众可以通过收听音频新闻了解时事动态。音频故事和播客则可以通过讲述有趣的故事和深入的讨论，吸引特定受众群体的关注。

（3）传播渠道的广泛覆盖

①传统媒体

传统媒体如报纸、电视、广播等仍然具有广泛的受众群体和较高的公信力。可以通过与传统媒体合作，将新闻内容在传统媒体平台上发布，扩大新闻的传播范围。例如，新闻媒体可以与广播电台电视台等其他传统媒体合作制作专题节目，借助传统媒体的影响力提高新闻的传播效果。

②新媒体

新媒体平台如新闻客户端、网站等具有便捷、互动性强的特点。媒体可以通过建立自己的新媒体平台，或者在其他知名新媒体平台上发布新闻内容，吸引更多的受众。例如，新闻媒体可以开发自己的新闻客户端，为用户提供个性化的新闻推送服务。同时，在今日头条、腾讯新闻等大型新闻平台上发布新闻，提高新闻的曝光率。

③社交媒体

社交媒体平台如微博、微信、抖音等拥有庞大的用户群体和强大的传播力。媒体可以通过在社交媒体平台上开设官方账号，发布新闻内容，与用户进行互动，提高新闻的传播效果和影响力。例如，在微博上发布即时新闻、热点话题讨论，吸引用户的关注和参与。在微信上推送深度报道、专题策划，为用户提供有价值的内容。在抖音上发布短视频新闻，利用短视频的流行趋势扩大新闻的传播范围。

（4）综合运用多种策略扩大传播范围和影响力

①多渠道发布

将新闻内容同时在不同的传播渠道上发布，并根据不同渠道的特点和受众群体，对新闻内容进行适当的调整和优化，以提高传播效果。例如，对于同一新闻事件，可以在新闻客户端上发布文字报道，在微博上发布简短的消息和图片，在视频网站上发布新闻视频，满足不同受众的需求。

②线下活动与研讨会

结合线下活动、研讨会等形式，扩大新闻的传播范围和影响力。可以举办新闻发布会、主题讲座、读者见面会等活动，与受众进行面对面的交流和互动。例如，在重大新闻事件发生后，可以举办新闻发布会，邀请专家学者和相关人士进行解读和讨论。同时，组织主题讲座和研讨会，深入探讨新闻事件背后的问题和解决方案，提高新闻的深度和影响力。

8.1.3 新媒体环境下传播平台的优化选择

（1）根据新闻传播目标和受众特点进行优化选择

①新闻传播目标

如果新闻传播的目标是追求即时性和广泛传播，可以选择微博作为主要传播平台。例如，对于突发新闻事件，通过微博的快速传播和互动，可以让更多人了解事件的最新情况。

如果目标是提供深度分析和专业解读，可以选择微信公众号平台。例如，对于一些复杂的社会问题、经济现象，可以通过公众号的深度报道和专业分析，为读者提供更全面的认识。

如果想要以轻松、有趣的方式传播新闻，可以选择抖音。例如，对于一些生活中的趣事、娱乐新闻等，可以通过抖音的短视频形式，让用户在轻松愉快的氛围中了解新闻。

②受众特点

如果目标受众是年轻人，他们更熟悉和喜欢使用社交媒体平台，如微博、抖音等。可以根据年轻人的兴趣爱好和阅读习惯，选择适合他们的平台进行新闻传播。例如，在微博上发布时尚、娱乐、科技等方面的新闻，在抖音上发布轻松、有趣的短视频新闻。

如果目标受众是专业人士或对某一领域有深入兴趣的人群，可以选择微信公众号。这些受众更注重内容的深度和专业性，微信公众号的深度报道和专业分析能够满足他们的需求。例如，对于财经、科技、法律等领域的专业人士，可以通过相关领域的公众号发布专业新闻和分析文章。

（2）综合运用多个传播平台，实现优势互补

①多平台同步发布

为了扩大新闻的传播范围，可以将新闻内容同时在多个传播平台上发布。例如，将同一篇新闻稿件在微博、微信公众号、抖音等平台上同步发布，让不同平台的用户都能看到。

在同步发布时，可以根据不同平台的特点进行适当的调整。例如，在微博上发布简洁的新闻摘要和话题标签，引导用户进行讨论；在微信公众号上发布完整的深度报道；在抖音上制作有趣的短视频新闻。

②平台间互动引流

不同的传播平台之间可以进行互动和引流，提高新闻的传播效果。例如，在微博上发布新闻话题，引导用户到微信公众号阅读深度报道；在微信公众号上推荐抖音上的短视频新闻，吸引用户关注抖音账号。

还可以通过合作、互推等方式，扩大新闻的传播范围。例如，不同的新闻媒体可以在各自的平台上互相推荐对方的优质新闻内容，实现资源共享和优势互补。

8.1.4 故事叙述、情感营销与受众连接

（1）故事叙述在新闻传播中的作用

①吸引受众注意力

在信息过载的时代，人们的注意力往往被各种纷繁复杂的事物所分散。而一个生动、感人的故事能够迅速抓住读者的眼球。例如，一篇关于贫困山区孩子努力求学的新闻报道，如果只是简单地陈述事实，可能很难引起读者的关注。但如果以故事的形式，讲述一个孩子在艰苦环境下坚持学习，克服重重困难的历程，就会更容易吸引读者的注意力。

②激发情感共鸣

好的故事能够触动读者的情感，让他们产生共鸣。当读者在故事中看到自己的影子、经历或者价值观时，就会更容易被故事所打动，从而对新闻内容产生更深刻的理解和感受。例如，一则关于一位老人为了实现梦想而不断努力的新闻，可能会让那些同样有梦想但还在奋斗路上的读者产生强烈的情感共鸣。这种共鸣能够增强读者对新闻的认同感，使他们更愿意分享和传播新闻。

③增强记忆和认同感

故事比单纯的事实更容易被人记住。故事能够在读者的脑海中留下深刻的印象，提高他们对新闻事件的记忆度。同时，当读者对故事产生认同感时，他们也会更容易接受新闻所传达的观点和信息，从而增强对新闻媒体的认同感。例如，一个关于环保志愿者的故事，可能会让读者更加关注环保问题，并对那些为环保事业作出贡献的人产生敬意。

（2）情感营销在新闻传播中的应用

①挖掘情感因素

新闻事件中往往蕴含着各种情感因素，如亲情、友情、爱情、爱国情等。新闻媒体可以通过深入挖掘这些情感因素，将其融入新闻报道中，以引起读者的情感共鸣。

例如，在报道一场自然灾害时，可以重点讲述受灾群众之间的互助和关爱，以及救援人员的无私奉献，激发读者的同情心和爱心。在报道体育赛事时，可以突出运动员的拼搏精神和团队合作，引发读者的敬意和感动。

②提高传播效果

情感营销能够让新闻更具感染力，从而提高新闻的传播效果。当读者被新闻中的情感所触动时，他们会更愿意将新闻分享给身边的人，从而扩大新闻的传播范围。

同时，情感营销也能够增强新闻的记忆度。读者在情感的驱动下，会更容易记住新闻内容，并且在以后的生活中也更容易回忆起这些新闻。例如，一则充满温情的家庭故事，可能会让读者在很长一段时间内都难以忘怀。

（3）与受众建立情感连接的方法

①举办线下活动

新闻媒体可以通过举办线下活动，如公益活动、文化活动、粉丝见面会等，与受众进行面对面的互动和交流。这些活动能够让受众感受到新闻媒体的亲和力和责任感，从而增强对新闻媒体的信任和好感。

②开展互动话题

在社交媒体上开展互动话题，是与受众建立情感连接的有效方式。新闻媒体可以根据新闻事件或者社会热点，提出一些有争议或者引人深思的话题，邀请受众发表自己的观点和看法。这种互动能够让受众感受到自己的声音被听到和重视，从而增强他们对新闻媒体的参与度和忠诚度。例如，在报道一部热门电影时，媒体可以在社交媒体平台上发起“你最喜欢的电影角色是谁”的话题讨论，吸引受众积极参与。

③回应受众需求和意见

新闻媒体应该关注受众的需求和意见，及时回应他们的关切和问题。当受众提出建议或者批评时，新闻媒体应该认真对待，积极改进自己的工作，以提高受众的满意度。如果受众反映新闻报道不够深入或者存在错误，新闻媒体应该及时进行调查和核实，并向受众做出解释和道歉。这种积极回应受众的态度，能够让受众感受到新闻媒体的诚意和责任心，从而增强他们与新闻媒体之间的情感连接。

8.2　跨媒体、多平台传播的策略与实践

8.2.1　跨媒体、多平台传播的重要性

第一，不同的媒体平台具有不同的特点和优势，通过跨媒体、多平台传播，可以将新闻内容以最适合的形式呈现给不同的受众群体，从而提高新闻的传播效果。报纸以深度报道和分析见长，可以为读者提供详细的新闻背景和解读；电视具有直观、生动的特点，可以通过画面和声音吸引观众的注意力；网站则可以提供海量的新闻信息和互动功能，满足用户的个性化需求；微博、微信等社交媒体平台则具有即时性和传播速度快的优势，可以迅速扩散新闻。

第二，跨媒体、多平台传播可以将新闻内容覆盖到更广泛的人群，打破传统媒体的地域和时间限制。例如，在国际社交媒体平台上发布的新闻可以吸引全球用户的关注，扩大新闻的国际影响力；通过在不同地区的地方媒体平台上合作发布新闻，可以提高新闻在当地的传播效果，增强新闻的针对性和实效性。

第三，跨媒体、多平台传播可以为受众提供多种渠道获取新闻信息，满足其的不同需求和使用习惯，从而增强受众对新闻媒体的黏性和忠诚度。例如，电视、报纸提供新闻的进展情况深度分析，网站、微博、微信等平台提供互动和交流的机会，提高用户的参与度和满意度。

8.2.2 跨媒体、多平台传播的策略

第一，统一的品牌形象和传播策略是跨媒体、多平台传播的基础。无论在哪个平台上发布新闻，都要保持一致的品牌风格、价值观和新闻标准，让受众能够快速识别并建立对新闻媒体的信任。例如，在不同平台上使用统一的标志、色彩和口号，强化品牌认知度；在新闻报道中坚持客观、公正、真实的原则，树立良好的品牌形象；制定统一的新闻发布流程和审核标准，确保新闻质量和传播效果。

第二，每个平台都有其独特的用户群体和使用习惯，新闻媒体需要针对这些特点对新闻内容进行调整和优化，以提高新闻的传播效果。例如，在社交媒体平台上，可以发布简洁明了、富有吸引力的标题和摘要，引导用户点击链接查看完整内容；在视频平台上，可以制作生动有趣、可视化程度高的短视频新闻，满足用户的视觉需求；在网站上，可以提供深度报道、专题策划和互动功能，满足用户的信息需求和参与欲望。

第三，平台之间的互动和引流是跨媒体、多平台传播的关键。通过在不同平台上互相推荐、链接和互动，可以引导用户在多个平台上关注新闻媒体，提高用户的黏性和忠诚度。例如，在网站上设置社交媒体分享按钮，方便用户将新闻分享到自己的社交媒体账号上，扩大新闻的传播范围。

第四，合作与联动是跨媒体、多平台传播的重要手段。新闻媒体可以与其他媒体机构、企业、社会组织等进行合作，共同开展新闻报道和传播活动，实现资源共享、优势互补，提高新闻传播的效果和影响力。例如，与电视台合作制作新闻专题节目，利用电视台的制作优势和传播渠道，提高新闻的制作质量和传播效果；与网络平台合作举办线上新闻发布会，利用网络平台的互动功能和传播速度快的优势，扩大新闻的影响力和覆盖面；与社交媒体达人合作推广新闻内容，利用社交媒体达人的粉丝基础和影响力，提高新闻的传播效果和用户参与度。

8.2.3 跨媒体、多平台传播的实践案例

（1）央视新闻的跨媒体、多平台传播

央视新闻作为中国最具影响力的新闻媒体之一，积极推进跨媒体、多平台传播战略。央视新闻在电视、网站、微博、微信、客户端等多个平台上发布

新闻内容，覆盖面广。

此外，央视新闻在不同平台上根据用户需求和特点进行内容定制，例如在微博上发布即时新闻和热点话题，在微信公众号上推出深度报道和专题策划，在客户端上提供个性化的新闻推送服务。同时，央视新闻加强平台之间的互动和引流，引导用户在多个平台上关注央视新闻。

（2）人民日报的跨媒体、多平台传播

人民日报积极拓展新闻传播渠道，构建了完善的新媒体传播矩阵。除了在传统媒体平台上保持优势外，人民日报在微博、微信、抖音等社交媒体平台上都拥有大量的粉丝和影响力。其官方微博账号粉丝数量超过数亿，每天发布的新闻内容涵盖了国内外政治、经济、社会、文化等各个领域。

人民日报的微信公众号也非常活跃，每天推送多篇高质量的新闻文章。其文章内容丰富多样，形式新颖，包括图文、视频、音频等多种形式。通过微信公众号的推送，人民日报能够将新闻内容精准地传递给用户，并且与用户进行互动交流。例如，在一些重要政策的解读文章中，用户可以在评论区留言提问，人民日报的编辑会及时回复用户的问题，解答用户的疑惑。这种互动方式增强了用户对人民日报的信任和依赖。

此外，人民日报还推出了自己的移动应用“人民日报客户端”。该客户端功能齐全，不仅提供了新闻阅读、视频观看、直播等功能，还设置了政务服务、生活服务等板块，为用户提供一站式的服务。据统计，人民日报客户端的下载量已经超过数亿次，用户的满意度较高。通过构建新媒体传播矩阵，人民日报实现了多渠道、全方位的新闻传播，扩大了新闻的影响力和覆盖面，更好地满足了用户的需求。

此外，人民日报还与其他媒体机构、企业、社会组织等进行合作，共同开展新闻报道和传播活动，提高了新闻传播的效果和影响力。

8.3　危机事件报道的原则与案例

第一，在危机事件发生后，时间就是生命。新闻媒体必须以最快的速度发布准确的信息，以避免谣言和不实信息的传播，稳定公众情绪。在自然灾害、公共卫生事件等事件发生时，新闻媒体应第一时间发布事件的最新情况。同时，要持续关注事件的发展，及时更新信息，满足公众的知情权。

第二，真实性是新闻的生命。新闻媒体必须确保发布的信息真实可靠，不夸大、不隐瞒事实。虚假信息不仅会误导公众，还会损害新闻媒体的公信力。因此，新闻媒体要通过多渠道核实信息的真实性，如采访当事人、权威机构、专家学者等。同时，要及时纠正错误信息，保证信息的准确性。

第三，新闻媒体应公开危机事件处理的过程和进展，让受众了解情况。公开透明可以增强公众对新闻媒体和相关机构的信任，促进危机的解决。新闻媒体可以通过直播、专题报道、新闻发布会等形式，向公众展示危机处理的全过程。同时，要积极回应公众的关切和质疑，解答公众的问题，提高公众的参与度和满意度。

第四，新闻媒体要积极引导舆论，关注公众的利益，维护社会的稳定和和谐。例如，新闻媒体可以通过报道正能量的故事、宣传志愿者的奉献精神等方式，激发公众的社会责任感和爱心。同时，要对危机事件进行深入分析和反思，为相关机构提供决策参考，促进社会的进步和发展。

2021 年，某汽车制造商的一款车型部分车辆出现“EV 功能受限”问题，引发消费者关注和投诉。这一情况迅速被新闻媒体捕捉到，各大汽车媒体、财经媒体以及综合性新闻平台纷纷对此进行报道。汽车之家、易车等专业汽车媒体详细报道了故障现象及消费者反馈，如故障发生时车辆的具体表现、出现问题的频率等，让公众对问题有了较为清晰的了解。同时，一些主流财经媒体也关注到该事件对该汽车制造商的股价和品牌形象可能产生的影响，并进行了相关分析报道。

新闻媒体的广泛报道形成了强大的舆论压力。消费者在媒体报道的引导下，更加关注该汽车制造商对此问题的处理态度和解决方案。社交媒体平台上，相关话题热度不断攀升。据不完全统计，在热度高峰期，微博上相关话题讨论量在一天内可达数千条，阅读量更是突破数百万次。消费者在微博、抖音等平台上分享自己的遭遇和看法，要求汽车制造商给出合理的解释和解决方案。这种舆论压力促使汽车制造商必须迅速采取行动来应对危机。

新闻媒体在报道过程中不仅报道了问题的负面情况，也及时传达了汽车制造商的回应和后续举措。例如，当汽车制造商发布初步的声明表示正在调查问题时，媒体迅速将这一信息传递给消费者。同时，媒体还采访了一些专业的汽车分析师和行业专家，对问题进行深入分析，并将专家的观点和建议反馈给消费者。

第9章　新闻伦理、政策与法规面临的新挑战

9.1　新闻伦理的基本原则

9.1.1　真实性、公正性与客观性的维护

（1）新媒体环境下真实性、公正性和客观性遭遇的挑战

①虚假新闻与谣言的肆意传播

新媒体发展迅猛，信息传播的速度与广度前所未有的同时，也成了虚假新闻与谣言的温床。在新媒体环境里，人人都能发布信息，缺乏专业媒体那样严格的审核流程，致使虚假新闻和谣言大量滋生。一些未经核实的小道消息、不实的健康养生信息、对突发事件过度渲染的报道等屡见不鲜。这些虚假内容不仅欺骗大众，还可能引发公众不安等不良影响。

②偏见和主观臆断的侵蚀

新媒体时代下，一些媒体为博眼球、赚流量，报道时会夹杂偏见与主观臆断。

举例来说，有些自媒体会基于自身商业利益或者个人偏好去筛选报道角度与内容，从而破坏新闻的公正性与客观性。而且，一些自媒体和部分社交媒体用户在发布信息时也常带有浓烈的个人情感偏向，这进一步加重消息的主观色彩。

③信息过载与碎片化的干扰

新媒体促使信息呈爆炸式增长，公众虽置身于海量信息之中，但也深陷信息过载与碎片化的泥沼。信息过载时，公众难以甄别信息的真伪优劣。信息碎片化又使得新闻报道难以完整深入地展现事件全貌，容易造成公众对事件的片面解读和误解。这种情况也给新闻媒体的核实审查工作带来巨大挑战，加大了维护新闻真实性、公正性和客观性的难度。

（2）维护新闻真实性、公正性和客观性的策略

①强化新闻来源的核实与审查

新闻媒体需构建严格的新闻来源核实审查体系，保障新闻内容准确可靠。对于网络和社交媒体信息，要从多维度核实，涵盖信息源可信度、事件真实性、证据充分性等方面。

例如，新闻媒体可与权威部门、专家、当事人核实，或通过多渠道交叉验证来确保报道真实。并且，要加强内部采编流程管理，明确岗位职责，提升审核标准，杜绝虚假新闻和不实消息的发布。

②规避偏见与主观臆断

新闻媒体应秉持客观中立的态度，报道中不掺杂偏见和主观臆断，尊重事实，全面展现事件。

例如，在报道争议事件时，新闻媒体要广泛听取各方意见，全面客观分析报道，而非片面支持某一方。此外，要强化对记者和编辑的培训，提升其专业素养与职业道德水准，增强客观意识和批判性思维能力，防止报道受个人情感和偏见左右。

③深化职业道德教育

新闻媒体要加强新闻从业者的职业道德教育，提升其职业素养与责任感，让他们深知真实性、公正性和客观性是新闻伦理的基石，是新闻媒体的生存根本。

例如，组织培训、讲座、研讨会等活动可以使从业者熟悉新闻伦理规范要求，增强自律意识和职业责任感。同时，建立完善的职业道德监督机制，严肃处理违反职业道德的行为，维护新闻行业的良好风气。

9.1.2　隐私权、信息安全与伦理责任

（1）新媒体环境下隐私权和信息安全面临的挑战

①个人信息曝光

新媒体发展带来的一大挑战是，个人隐私和敏感信息更容易被曝光。

例如，在社交媒体上，用户的个人照片、生活状态等信息可能被迅速传播，一旦这些信息被抓取，就可能侵犯个人隐私权。而且，一些涉及个人隐私的事件，如医疗记录、财务状况等，也可能在不经意间被公开，给当事人带来极大的困扰。

②数据挖掘与分析技术的应用

随着大数据和人工智能技术的发展，新闻媒体越来越多地使用数据挖掘和分析技术来获取新闻线索和了解受众需求。然而，这些技术在使用过程中也可能侵犯个人隐私权。

例如，对用户的浏览记录、搜索关键词等数据的分析，可以透漏用户的兴趣爱好和行为习惯，但这也可能涉及对个人隐私的侵犯。此外，一些数据挖掘技术可能会获取用户的敏感信息，如身份证号码、银行卡号等，一旦这些信息被泄露，将给用户带来严重的安全风险。

③网络攻击与信息泄露

新媒体环境下，新闻媒体面临着日益严重的网络攻击和信息泄漏风险。黑客可以通过攻击新闻媒体的服务器、数据库等方式获取大量的个人信息和敏感数据。

例如，一些新闻媒体的网站在遭到黑客攻击后，可能会导致用户的注册信息、评论内容等被泄露。这种信息泄露不仅会侵犯个人隐私，还可能对新闻媒体的公信力造成严重损害。

（2）保护隐私权和信息安全的措施

①遵守相关法律法规

新闻媒体应该严格遵守国家有关隐私权和信息安全的法律法规，明确自己在保护个人隐私和信息安全方面的法律责任。

例如，《中华人民共和国民法典》《中华人民共和国网络安全法》等法律在对个人信息的收集、使用、存储等方面都作出了明确规定，新闻媒体在进行新闻报道时必须遵守这些法律规定，不得非法获取、使用和披露个人隐私和敏感信息。

②加强信息安全管理和保护

新闻媒体应该建立健全信息安全管理制度，加强对信息系统的安全防护，采取有效的技术手段和管理措施，防止信息泄露和被攻击。

例如，加密技术、访问控制技术、数据备份等技术，可以保护用户的个人信息和敏感数据。同时，新闻机构加强对员工的信息安全培训，提高员工的安全意识和防范能力，防止内部人员泄露信息。此外，新闻机构还应该定期对信息系统进行安全评估和审计，及时发现和解决安全隐患，确保信息系统的安全稳定运行。

③承担伦理责任

新闻媒体在报道新闻时，应该充分考虑到个人隐私和信息安全的问题，并承担起相应的伦理责任。

例如，在涉及个人隐私的新闻报道中，新闻媒体应该进行必要的模糊处理，如对当事人的姓名、照片等进行遮挡，避免直接曝光个人隐私。同时，在使用数据挖掘和分析技术时，应该遵循合法、正当、必要的原则，不得过度收集和使用个人信息。此外，新闻媒体还应该建立健全投诉处理机制，及时处理用户的隐私投诉和信息安全问题，保护用户的合法权益。

9.1.3 新闻伦理的国际标准与本土实践

（1）新闻伦理的国际标准

①《国际新闻道德信条》

《国际新闻道德信条》强调新闻工作者应尊重真理及尊重公众获得真实新闻的权利。它要求新闻工作者在采集、报道和传播新闻的过程中，保持诚实、公正、准确和负责的态度。

例如，信条规定新闻工作者应避免使用虚假信息、歪曲事实或隐瞒重要信息。同时，要尊重不同文化和社会背景的人们，避免因偏见或歧视而影响新闻报道的客观性。

这一信条为全球新闻工作者提供了一个基本的道德准则框架，有助于促进国际间的新闻交流与合作，确保新闻的真实性和可信度。

②《记者行为原则宣言》

《记者行为原则宣言》明确了新闻工作者的职业责任和行为规范。它强调新闻工作者应独立、公正、客观地进行新闻报道，保护消息来源的机密性，避免利益冲突。

例如，宣言要求新闻工作者不得接受贿赂或其他不正当利益，不得因政治、经济或其他压力而歪曲新闻。同时，要尊重他人的权利和尊严，避免侵犯他人的隐私和名誉。

该宣言为全球新闻工作者提供了具体的行为指导，有助于维护新闻行业的专业性和公信力。

（2）国际标准对新闻伦理实践的指导意义

第一，新闻伦理的国际标准为全球新闻工作者提供了共同的价值取向，有助于促进不同国家和地区的新闻工作者在新闻实践中遵循相似的道德准则。

第二，国际标准可以促使新闻行业加强自律，建立健全的道德规范和监督机制。新闻机构可以参照国际标准，制定适合自身的职业道德准则，并对新闻工作者的行为进行监督和管理。例如，一些新闻机构设立了内部的伦理委员会，负责审查新闻报道的真实性、公正性和客观性，对违反职业道德的行为进行处罚。国际标准为这些内部监督机制提供了参考依据。

第三，遵循新闻伦理的国际标准有助于提升新闻行业的公信力。当新闻工作者以诚实、公正、客观的态度进行新闻报道时，公众会更加信任新闻媒体，从而提高新闻媒体的影响力和传播效果。

（3）积极参与国际新闻伦理的交流与合作

①借鉴国际先进经验

不同国家和地区在新闻伦理实践中积累了丰富的经验，新闻媒体可以积极参与国际新闻伦理的交流与合作，借鉴国际先进经验，提高本国新闻伦理的水平。

例如，通过参加国际新闻伦理研讨会、学术交流活动等，新闻工作者可以了解国际上最新的新闻伦理理念和实践方法，为自身的工作提供参考。同时，新闻媒体还可以与国际上的新闻机构进行合作，共同开展新闻报道和调查研究，在实践中学习和借鉴国际先进经验。

②推动国际新闻伦理的发展

积极参与国际新闻伦理的交流与合作，也有助于推动国际新闻伦理的发展。各国新闻媒体可以通过分享本国的新闻伦理实践经验，为国际新闻伦理标准的完善和发展提供参考。

例如，在一些新兴的新闻领域，如社交媒体新闻、数据新闻等，各国新闻媒体可以共同探讨如何制定相应的新闻伦理标准，以适应新的新闻传播环境。此外，新闻媒体还可以通过国际合作，共同应对全球性的新闻伦理问题，如虚假新闻、网络暴力等，为维护全球新闻行业的健康发展作出贡献。

9.2　新媒体环境下的伦理问题与决策

9.2.1　假新闻、信息操纵与伦理困境及应对

（1）假新闻与信息操纵的表现及危害

①假新闻的表现形式

第一，完全虚构的事件、人物或情况。例如，编造名人的虚假绯闻、虚构重大灾难事件等。这些虚假内容往往具有一定的吸引力和话题性，容易在社交媒体等平台上迅速传播。

第二，对真实事件进行片面或错误的解读和报道。可能通过夸大、缩小某些细节，或者故意忽略关键信息来扭曲事件的本来面貌。

第三，使用夸张、耸人听闻的标题来吸引读者点击，但内容与标题严重不符。这种做法常常会让读者产生错误的认知，浪费读者的时间和精力。

②信息操纵的手段

第一，利用算法推荐系统，有针对性地向用户推送特定的信息，以影响用户的观点和行为。例如，一些社交媒体平台可能会根据用户的兴趣和行为模式，推送与商业利益相关的信息，从而引导用户形成特定的看法。

第二，雇用大量网络水军在社交媒体上发布虚假评论、点赞和转发，制造虚假的舆论热度。这种行为可以让一些虚假信息看起来更具可信度，误导公众。例如，某电影上映前，有观众发现这部电影在豆瓣等影评平台的评分和评论存在异常情况。影片上映前评分虚高，短时间内出现大量的五星好评，评论内容空洞，有明显的水军刷分迹象。在电影宣传期间，一些营销账号和水军在社交媒体上不断发布对影片的赞美之词，试图营造出这部电影是一部佳作的氛围。然而，当真正看过电影的观众越来越多后，影片的真实质量被揭露，观众口碑崩塌，豆瓣评分一路下滑。这一事件引发了公众对于电影行业水军刷分现象的广泛关注。观众对电影评分系统的公正性产生了质疑，也让人们更加警惕这种通过虚假评论来误导消费者观影选择的行为。该事件还引发了媒体对电影营销乱象的批判，促使相关平台加强对评论真实性的监管。

第三，对统计数据、调查结果等进行篡改，以支持特定的观点或利益。例如，在商业竞争中，企业可能会篡改销售数据来误导消费者和投资者。

③对社会的危害

第一，假新闻和信息操纵会让公众接收到错误的信息，导致他们对事件的认识出现偏差。这可能会影响公众在日常生活中的决策，如购物、投资等。

第二，当公众不断被假新闻欺骗后，他们对新闻媒体的信任度会降低。

第三，在一些重要的公共事务中，假新闻和信息操纵可能会干扰政策的制定和执行，影响公共资源的分配，损害公众的利益。例如，在公共卫生事件中，虚假的医疗信息可能会导致公众采取错误的防护措施，加重疫情的传播。

（2）应对假新闻和信息操纵的措施

①加强新闻内容核实和审查

第一，新闻机构务必构建一套严苛且精细的新闻采编流程规范，以此确保发布的每一则新闻都经过了全面且细致的审核把控。在整个采编过程中，从初始的信息源甄别核实，到对事实真相的深入查证，再到内容的精心编辑以及最后的严格审核，每个环节都需明确具体的责任归属和清晰的操作步骤。

对于信息来源的核实，记者应首先对获取信息的渠道进行可靠性评估。例如，对于来自匿名消息源的信息，要更加谨慎地验证其真实性，通过多渠道交叉核实等方式，确保信息来源可信。在事实查证阶段，记者需深入现场、采访相关当事人及权威专家，获取一手资料，并与其他可靠信息进行对比验证，确保新闻事实准确无误。内容编辑过程中，编辑人员要遵循客观、公正、准确的原则，对新闻素材进行合理筛选和组织，避免主观偏见对内容的影响。而审核环节则要由经验丰富的资深编辑或主编负责，对新闻的整体质量、事实准确性、观点客观性以及是否符合法律法规和道德规范等方面进行全面审查，只有通过层层审核的新闻稿件才能最终发布。

第二，随着科技的飞速发展，大数据、人工智能等前沿技术为新闻内容的核实与筛查提供了强大的助力。新闻媒体应积极借助这些技术手段，提升新闻核实的效率和准确性。

在多媒体内容核实方面，利用先进的图像识别和视频分析技术，对新闻中的图片、视频进行深度分析。例如，通过图像识别技术可以检测图片是否被篡改，判断视频中的场景和事件是否真实发生。对于一些热点新闻事件的现场图片和视频，技术手段可以快速比对历史数据和其他相关信息，确认其真实性。同时，利用自然语言处理技术，能够对新闻文本进行智能分析，识别虚假信息常见的语言模式和特征。比如，一些虚假新闻往往会使用夸张、情绪化的词汇，或者语言逻辑混乱、事实依据不足。自然语言处理技术可以通过建立模型，对这些特征进行识别和预警，帮助编辑人员快速发现潜在的虚假信息。

第三，新闻媒体应与学术机构、研究机构等专业组织建立紧密的合作关系，共同致力于新闻核实工作。这些专业机构通常拥有深厚的专业知识储备和先进的研究技术，能够为新闻媒体提供强有力的支持。

学术机构在新闻学、传播学、社会学等领域的研究成果和专业知识，可以为新闻媒体提供理论指导和分析方法。例如，在涉及复杂的科学研究成果、社会政策解读等新闻报道时，学术机构的专家可以帮助记者准确理解相关内容，确保新闻报道的科学性和准确性。研究机构则可以利用其专业的调查研究能力和技术手段，为新闻媒体提供事实核实的支持。比如，在调查一些社会热点事件的真相时，新闻媒体可以与专业的调查研究机构合作，共同开展实地调查和数据分析，获取更准确、全面的信息。

②加强信息来源管理和监督

第一，新闻媒体应建立信息来源评估机制，对不同的信息来源进行可信度评级。对于一些经常发布虚假信息或不可靠的信息源，要谨慎使用或拒绝使用。

第二，对于被证实发布过假新闻或进行过信息操纵的信息源，要将其列入黑名单，不再采用其提供的信息。同时，要向公众公布这份黑名单，提高公众的警惕性。

第三，新闻媒体可以与社交媒体平台合作，共同监督信息的传播。要求社交媒体平台加强对用户发布内容的审核和管理，及时删除虚假信息和不良信息源。

③加强公众媒介素养教育

普及假新闻辨别方法：通过学校教育、社区活动、媒体宣传等多种渠道，向公众普及假新闻辨别方法。例如，教公众如何识别虚假新闻的标题、内容和来源；如何通过多渠道核实新闻的真实性。

培养批判性思维：鼓励公众在接收信息时保持批判性思维，不盲目相信和传播未经证实的信息。引导公众学会分析信息的背景、目的和潜在影响，从而提高对信息的判断力。

提高信息道德意识：加强对公众的信息道德教育，让公众认识到传播虚假信息和进行信息操纵的危害，树立正确的信息道德观念。鼓励公众积极举报虚假信息和不良信息源，共同维护信息环境的健康和安全。

9.2.2 网络暴力与应对措施

（1）网络暴力的表现及危害

第一，在网络上对他人进行辱骂、诋毁、威胁等言语攻击。这种攻击往往是恶意的，旨在伤害他人的感情和尊严。例如，在社交媒体平台上对某个公众人物进行恶意评论，或者在网络论坛上对某个持不同观点的网友进行人身攻击。

第二，通过网络技术手段，挖掘他人的个人信息并公开。这种行为不仅侵犯了他人的隐私权，还可能导致受害者遭受更多的骚扰和攻击。例如，在一些热点事件中，部分网友对当事人进行“人肉搜索”，将其个人信息公布在网上，给当事人带来极大的困扰。

第三，编造虚假信息并在网络上传播，以达到抹黑他人的目的。这种造谣行为可能会对受害者的名誉和形象造成严重损害。例如，在一些网络纠纷中，一方为了报复另一方，故意编造虚假信息并在网络上扩散，引发公众对受害者的误解和谴责。

（2）应对网络暴力的措施

①加强网络舆论引导

首先，新闻媒体应该积极传播正能量的信息和故事，引导公众树立正确的价值观和人生观。例如，报道一些感人的好人好事、社会公益活动等，激发公众的爱心和责任感。其次，新闻媒体应该倡导理性对话和文明交流，鼓励公众在网络上以理性的态度表达自己的观点和意见。例如，通过举办网络论坛、在线访谈等活动，为不同观点的人提供交流和对话的平台。最后，新闻媒体可以树立一些积极传播正能量、抵制网络暴力的榜样，引导公众向他们学习。例如，报道一些网络名人、志愿者等在抵制网络暴力和仇恨言论方面的先进事迹。

②加强监督和管理

首先，新闻媒体和网络平台应该加强对网络内容的监督和管理，及时删除网络暴力的不良信息。同时，建立健全举报机制，鼓励公众积极举报不良信息。其次，对于发布网络暴力和仇恨言论的人，新闻媒体和网络平台应该进行批评教育，让他们认识到自己的错误。对于情节严重的，应该依法进行处罚，以起到震慑作用。最后，利用人工智能、大数据等技术手段，加强对网络暴力和仇恨言论的监测和防范。例如，通过关键词过滤、语义分析等技术，及时发现和处理不良信息。

③加强法制教育和道德教育

首次，新闻媒体应该加强对公众的法制教育，普及网络法律法规知识，让公众认识到网络暴力和仇恨言论的违法性和危害性。例如，通过案例分析、法律解读等方式，让公众了解网络暴力和仇恨言论可能面临的法律后果。其次，新闻媒体应该加强对公众的道德教育，倡导文明上网、理性发言，提高公众的道德素质和文明素养。例如，通过宣传网络道德规范、举办网络文明活动等方式，引导公众树立正确的网络道德观念。让公众认识到自己在网络空间中的行为会对他人和社会产生影响。鼓励公众积极参与网络治理，共同维护网络环境的健康和安全。

9.2.3　新闻伦理决策的过程与策略

（1）新闻伦理决策的过程

①识别伦理问题

新闻工作者在日常的新闻采编过程中，需要敏锐地察觉可能存在的伦理问题。这包括对新闻来源的可靠性进行判断，对新闻内容是否涉及隐私、是否存在偏见等的考量。识别伦理问题还需要关注新闻传播的背景和社会影响。例如，在报道社会问题时，要考虑新闻报道可能引发的后果。

例如，2017年在陕西榆林发生一起“榆林产妇跳楼事件”，这起事件曾引起广泛关注。当时，部分新闻媒体在报道产妇与其家属的矛盾细节等内容时曝光了家属的身份信息。这些信息在网络上传播后，家属遭受了大量的网络暴力和舆论指责。许多网友在未完全了解事情真相的情况下对家属进行了言语攻击，认为是家属的责任导致产妇跳楼。

家属不仅要承受失去亲人的悲痛，还要面对巨大舆论压力。他们的生活被严重干扰，心理也遭受了极大的创伤。这种曝光身份信息的行为让家属陷入了更加痛苦的境地，同时也反映出部分新闻工作者在追求新闻热度时忽视了对当事人隐私和权益的保护。

②分析伦理问题

一旦识别出伦理问题，新闻媒体需要对其进行深入分析。这包括考虑不同利益相关者的立场和需求，如新闻当事人、公众、广告商等。

分析伦理问题还需要考虑新闻的真实性、公正性、客观性等原则。例如，在报道争议性事件时，要确保新闻内容的准确性，避免片面报道和主观臆断。同时，要考虑新闻报道对不同群体的影响，是否会加剧社会矛盾或造成不公平的后果。

③制订报道方案

在分析伦理问题的基础上，新闻媒体需要制定可行的报道方案。这包括确定新闻报道的角度、内容和方式，以及如何处理可能存在的伦理问题。例如，在报道涉及隐私的新闻时，可以采取匿名化处理、模糊化处理等方式，保护当事人的隐私。

制订报道方案还需要考虑新闻媒体的社会责任和公共利益。例如，在报道重大公共事件时，要及时、准确地向公众传递信息。同时，要避免为了追求高点击率和高收视率而报道低俗、虚假的新闻。

④实施报道方案

报道方案制订后，新闻媒体需要认真实施。这包括对新闻采编过程进行严格管理，确保新闻报道符合伦理决策的要求。例如，要对新闻内容进行严格审核，确保新闻当事人的隐私得到充分保护。实施报道方案还需要关注社会反馈和效果评估。例如，在新闻报道发布后，要及时收集公众的反馈意见，评估新闻报道的社会影响。如果发现报道方案存在问题，要及时进行调整和改进。

⑤反思和总结

新闻媒体在完成一次新闻报道后，要对整个报道过程进行反思和总结，分析其中的成功经验和不足之处。例如，在反思过程中，可以思考报道过程是否遵循了新闻伦理原则，以及是否达到了预期的社会效果。

（2）新闻伦理决策的策略

①建立健全新闻伦理决策机制

新闻媒体应该建立健全新闻伦理决策机制，明确决策的流程和标准。这包括设立专门的伦理委员会或道德监督机构，负责对新闻伦理问题进行审查和决策。例如，一些大型新闻机构设立了伦理委员会，由资深记者、编辑、学者等组成，对新闻报道中的伦理问题进行审议和决策。

建立健全新闻伦理决策机制还需要制定明确的伦理准则和规范。这些准则和规范应该涵盖新闻采编的各个环节，包括新闻来源的核实、新闻内容的撰写、新闻发布的方式等。同时，要对违反伦理准则和规范的行为进行明确的处罚规定，以确保新闻伦理决策的严肃性和权威性。

②加强对新闻从业人员的职业道德教育

新闻媒体应该加强对新闻从业人员的职业道德教育，提高他们的伦理意识和决策能力。这包括定期组织职业道德培训、举办伦理讲座等活动，让新闻从业人员了解新闻伦理的基本原则和规范，掌握新闻伦理决策的方法和技巧。

加强职业道德教育还需要注重实践培养。新闻媒体可以通过案例分析、模拟决策等方式，让新闻从业人员在实践中提高伦理意识和决策能力。同时，要鼓励新闻从业人员在日常工作中积极践行新闻伦理原则，不断提高自身的职业道德水平。

③积极听取公众的意见和建议

新闻媒体应该积极听取公众的意见和建议，充分考虑公众的利益和需求。这包括建立公众反馈机制，及时收集公众对新闻报道的意见和建议。例如，新闻媒体可以在网站上设立留言板、开通热线电话等，让公众能够方便地表达自己的看法和意见。

9.3　政策对新闻传播实践的指导与影响

9.3.1　国家新闻传播政策对新闻传播实践的重要作用

第一，国家新闻传播政策通过制定一系列法律法规和行业规范，明确了新闻媒体在新闻采集、编辑、发布等各个环节的行为准则。例如，《互联网新闻信息服务管理规定》要求互联网新闻信息服务提供者要建立健全信息审核、安全管理等制度，规范了网络媒体的新闻传播行为。这使得新闻媒体在追求新闻报道的时效性和影响力的同时，必须确保信息的真实性、准确性和合法性。在实际新闻传播实践中，各大新闻媒体都严格遵守这些规定，对新闻内容进行认真审核。以央视网为例，其在发布每一条新闻稿件前，都要经过多道审核流程，包括内容真实性核实、来源可靠性审查等，确保发布的新闻符合政策要求和行业标准。据央视网内部统计数据显示，通过严格的审核机制，其新闻报道的准确率长期保持在98%以上，有效维护了媒体的公信力。

第二，新闻传播政策为新闻媒体的发展指明了方向，鼓励媒体在服务国家发展大局、传播正能量等方面发挥积极作用。我国提出的推动媒体融合发展战略，就是通过政策引导传统媒体与新媒体进行深度融合，提升新闻传播的影响力和竞争力。例如，人民日报社打造了“中央厨房”模式，实现了新闻资源的整合和共享，提高了新闻生产效率和传播效果。通过“中央厨房”，人民日报可以同时为报纸、网站、客户端等多个平台提供优质的新闻内容，实现了一次采集，多种生成，多元传播的模式。据人民日报社公布的数据，自“中央厨房”运行以来，其全媒体平台的用户数量大幅增长，新闻传播的覆盖面和影响力显著提升。在一些重大主题报道中，人民日报的相关新闻作品在网络上的阅读量常常达到数亿次，传播效果远超传统的单一媒体传播模式。

第三，政策还通过资金支持、项目扶持等方式，促进新闻传播事业的健康发展。国家对一些重点新闻项目给予专项资金支持，鼓励媒体进行技术创新和内容创新。例如，对一些具有创新性的融媒体项目进行资助，推动媒体在新闻传播形式和手段上的创新。新华社的“媒体大脑”项目就是在政策支持下开展的，该项目利用人工智能技术实现了新闻生产的智能化和自动化。通过“媒体大脑”，新华社可以快速处理海量的新闻数据，自动生成新闻稿件，提高了新闻生产的效率和质量。据新华社统计，在使用“媒体大脑”后，其新闻稿件的生产速度提高了数十倍，并且在一些突发事件的报道中，能够更快地为公众提供准确的信息。

9.3.2 新媒体环境下新闻传播政策实施策略

第一，新媒体的快速发展带来了新的传播形式和传播渠道，但也出现了一些问题，如虚假信息传播、网络暴力等。因此，新闻传播政策制定需要更加注重对新媒体的规范。我国出台了一系列针对新媒体的政策法规，如《网络信息内容生态治理规定》等，明确了网络信息内容生产者、服务平台等相关方的责任和义务，要求他们加强对信息内容的管理。以微博为例，根据政策要求，微博平台加强了对用户发布的内容的审核，建立了完善的信息监测和处理机制。对于违规发布虚假信息、不良信息的用户，微博会及时进行处理，包括删除内容、封禁账号等。据微博官方数据显示，在实施相关政策后，平台上的虚假信息数量明显减少，信息内容生态得到了有效改善。

第二，创新是新闻传播发展的关键。国家新闻传播政策鼓励媒体在技术、内容和形式等方面进行创新。在技术创新方面，政策支持新媒体企业加大对研发的投入，推动 5G、人工智能、大数据等新技术在新闻传播领域的应用。字节跳动公司旗下的抖音平台就是一个很好的例子。抖音利用先进的算法推荐技术，根据用户的兴趣和行为习惯为用户推荐个性化的视频内容，极大地提高了用户的参与度和黏性。据统计，截至 2023 年，抖音全球月活跃用户数已超过数十亿，成为全球最受欢迎的短视频平台之一。在内容创新方面，政策鼓励媒体创作更多优质、多样化的内容。许多新媒体平台推出了一系列具有创新性的内容形式，如短视频新闻、直播带货等。例如，央视新闻在抖音上开展的直播带货活动，不仅提供了丰富的新闻资讯，还推广了各地的特色农产品。这些创新的内容形式丰富了新闻传播的内涵，拓展了新闻传播的边界。

第三，新媒体的开放性和互动性使得监管难度加大，但加强监管对于确保新媒体的健康有序发展至关重要。国家建立了多部门协同的监管机制，加强对新媒体平台的日常监管和专项整治。例如，网信办等部门会定期对网络媒体平台进行检查，对存在违规行为的平台进行处罚。在一些专项整治行动中，针对网络直播行业存在的低俗、虚假宣传等问题，相关部门进行了严厉打击。据统计，在某次网络直播专项整治行动中，共查处违规直播平台数百个，封禁违规主播账号数万个，有效净化了网络直播环境。同时，政策要求新媒体平台加强自我监管，建立健全内部管理制度。例如，腾讯公司对旗下的微信公众号平台加强了管理，要求公众号运营者遵守相关规定，对发布的内容进行严格审核。通过加强监管，新媒体行业的发展更加规范有序，为新闻传播实践提供了良好的环境。

9.4 新闻传播法规的最新发展与挑战

9.4.1 网络空间法律规制的现状与趋势

（1）网络空间法律规制的必要性与现状

随着新媒体的迅猛发展，网络空间已成为人们生活中不可或缺的一部分。然而，网络空间的虚拟性、开放性和匿名性等特点，也导致了一系列问题的出现，如网络侵权、虚假信息传播、网络犯罪等，严重影响了公民的权益和社会的稳定。因此，加强对网络空间的法律规制变得至关重要。

目前，各国都意识到了网络空间法律规制的重要性，并积极采取行动。以我国为例，我国已经制定了一系列涉及网络空间的法律法规，形成了较为完善的法律体系。其中包括《中华人民共和国网络安全法》《中华人民共和国数据安全法》《中华人民共和国个人信息保护法》等法律，以及众多相关的行政法规、部门规章和司法解释。这些法律法规从不同层面和角度对网络行为进行了规范，为网络空间的治理提供了法律依据。

例如，《中华人民共和国网络安全法》（下称网络安全法）自 2017 年 6 月 1 日施行以来，在保障网络安全方面发挥了重要作用。根据中国互联网络信息中心（CNNIC）发布的报告，在该法实施后的几年里，我国网络安全防护能力得到显著提升，国内网站遭受网络攻击的频率和损失都有所下降。例如，在 2016 年，我国某重要政府部门网站每月遭受的网络攻击次数平均为 500 余次，而在网络安全法实施后的 2018 年，该数字下降至每月 200 余次左右，下降幅度明显。这表明该法在规范网络运营者的安全管理义务、加强网络安全监测预警和应急处置等方面取得了实效，有效地维护了国家网络安全和社会公共利益。

（2）网络空间法律规制的趋势

①更加注重保护个人隐私

在新媒体时代，个人信息的收集、存储和使用变得更加频繁和广泛，个人隐私面临着前所未有的威胁。因此，各国法律越来越注重对个人隐私的保护。中国的《中华人民共和国个人信息保护法》（下称个人信息保护法）于 2021 年 11 月 1 日起施行，明确规定了个人信息处理者的义务和责任，包括采取必要措施确保个人信息的安全、向个人告知处理信息的规则等。

例如，在 2022 年，某知名互联网公司因在其 APP 中过度收集用户个人信息，且未明确告知用户信息的使用目的和范围，被相关监管部门依据个人信息保护法进行了处罚。该公司在未经用户充分授权的情况下，收集了用户的通讯录、位置信息、浏览记录等大量敏感信息。据调查，涉及的用户数量高达数百万。监管部门责令该公司整改，并对其处以高额罚款。

加强个人隐私保护不仅有助于维护公民的基本权利，还能增强公众对网络环境的信任。当用户感受到自己的隐私得到充分保护时，他们更愿意参与网络活动，从而促进数字经济的健康发展。同时，这也促使企业更加规范地处理用户信息，推动行业的良性竞争和可持续发展。

②加强知识产权保护

随着网络内容的爆炸式增长，知识产权保护在网络空间变得尤为重要。为了应对网络环境下的知识产权侵权问题，我国不断完善相关法律法规。例如，加大了对网络盗版行为的打击力度，修订了《中华人民共和国著作权法》（下称著作权法），明确了网络环境下的著作权保护规则。

加强网络空间的知识产权保护，有利于鼓励创新和创作。创作者在知道自己的知识产权能够得到有效保护的情况下，会更有动力投入时间和精力进行创作。对于文化产业来说，良好的知识产权保护环境能够吸引更多的投资和人才，促进产业的繁荣发展。以网络影视行业为例，近年来，我国网络剧、网络电影等作品质量不断提高，产量也逐年增加，这与知识产权保护的加强密切相关。优质作品的涌现不仅满足了观众多样化的需求，也推动了整个文化产业的升级和发展，为经济增长作出了积极贡献。

③强化网络安全保障

网络安全是网络空间健康发展的基础。中国制定了网络安全法等一系列法律法规，加强了对网络基础设施、关键信息基础设施的保护，以及对网络攻击、网络犯罪等行为的打击力度。

例如，2022 年，我国成功挫败了一起针对某重要金融机构的大规模网络攻击事件。黑客组织试图通过恶意软件入侵该金融机构的网络系统，窃取客户信息和资金。国家网络安全应急响应部门在监测到异常网络活动后，迅速启动应急预案，联合公安部门和相关技术专家展开调查和防御工作。通过及时切断攻击源、修复漏洞、加强安全防护等措施，成功阻止了攻击，保障了金融机构的网络安全和客户资金安全。据事后评估，此次攻击如果得逞，可能导致数千万元的经济损失和大量客户信息泄露。这一案例体现了我国在网络安全保障方面的能力和水平，以及法律法规在应对网络安全威胁中的重要作用。

强化网络安全保障对于维护国家安全和社会稳定具有极其重要的意义。在当今数字化时代，国家的政治、经济、军事等各个领域都高度依赖网络。网络安全问题不仅可能导致个人和企业的损失，还可能危及国家安全。例如，关键信息基础设施的安全关系到国家的能源供应、交通运行、通信保障等重要领域。一旦这些基础设施遭受网络攻击，可能引发社会秩序混乱，甚至对国家的安全构成威胁。因此，加强网络安全法律规制，提高网络安全防护能力，是保障国家安全和社会稳定的必然要求。

④加强对网络内容的监管，打击虚假信息和不良信息

为了营造健康、清朗的网络空间，我国加强了对网络内容的监管。相关部门通过制定规章制度，要求网络平台对发布的内容进行审核和管理，及时删除虚假信息和不良信息。

加强对网络内容的监管，打击虚假信息和不良信息，有助于营造良好的社会舆论环境，引导公众形成正确的认知。虚假信息的传播容易误导公众，引发社会恐慌和不稳定。通过及时清理虚假信息，发布真实、准确的信息，可以让公众了解事实真相，避免被不实信息误导。例如，在疫情期间，准确的疫情信息发布让公众能够科学地做好防护措施，积极配合政府的防控工作，对疫情防控工作的顺利开展起到了积极的推动作用。同时，良好的网络舆论环境也有利于促进社会和谐发展，增强社会凝聚力。

⑤促进网络空间的开放和创新推动数字经济的发展

在加强网络空间法律规制的同时，我国也注重促进网络空间的开放和创新，推动数字经济的发展。政府出台了一系列政策措施，鼓励互联网企业加大技术研发投入，创新商业模式，培育新的经济增长点。

例如，我国在 5G 技术的发展和应用方面给予了大力支持。各大电信运营商和科技企业积极投入 5G 网络建设和应用研发，推动了 5G 技术在工业互联网、智能交通、远程医疗等领域的广泛应用。以某工业企业为例，通过引入 5G 技术，实现了工厂设备的智能化连接和远程监控，生产效率提高了 30% 以

上，产品质量也得到了显著提升。同时，5G 技术的应用还催生了一系列新的产业和业态，如 5G 直播、5G 云游戏等，为数字经济的发展注入了新的活力。相关统计数据显示，我国数字经济规模在近年来持续快速增长，占国内生产总值的比重不断提高，成为经济发展的重要引擎。

促进网络空间的开放和创新与加强法律规制并不矛盾，而是相辅相成的关系。合理的法律规制可以为网络空间的发展创造良好的秩序和环境，保障创新者的合法权益，激发创新活力。同时，开放和创新也要求法律规制不断适应新的技术和商业模式的发展，保持灵活性和前瞻性。在实践中，我国通过不断完善法律法规，加强政策引导，努力实现规制与发展的平衡。例如，在对新兴的数字货币领域进行监管时，我国一方面明确了数字货币的法律地位和监管框架，防范金融风险；另一方面，鼓励金融机构和科技企业在合法合规的前提下，探索数字货币的应用场景和技术创新，推动金融科技的发展。

9.4.2　版权保护、内容共享与法规创新

（1）新媒体环境下版权保护与内容共享的重要性及矛盾

①版权保护的重要性

在新媒体环境下，版权保护对于维护创作者的合法权益至关重要。随着互联网的普及和新媒体平台的兴起，内容创作和传播变得更加便捷，但同时也使得侵权行为更加容易发生。如果没有有效的版权保护措施，创作者的辛勤劳动成果可能会被随意抄袭、盗用，这将严重打击创作者的积极性，影响文化产业的创新和发展。例如，一些独立音乐人花费大量时间和精力创作的原创歌曲，在未经授权的情况下被一些网络平台非法传播，导致他们的经济收益受到严重影响。据统计，在没有版权保护的情况下，一些热门原创歌曲的非法下载量可能高达数十万次，而创作者却无法获得应有的回报。

版权保护也有助于提升文化产业的整体质量。当创作者的版权得到充分保护时，他们会更加注重作品的质量和创新性，从而推动文化产业向更高水平发展。以影视行业为例，一部优秀的电影作品往往需要大量的资金、人力和时间投入。如果版权得不到有效保护，盗版电影泛滥，将会降低电影制作方的收益，进而影响他们对下一部作品的投入，最终导致整个行业的质量下降。

②内容共享的重要性

内容共享在新媒体时代具有重要意义，它能够促进知识的传播和文化的

交流，推动社会的进步。新媒体平台为人们提供了一个广阔的信息交流和共享空间，使得各种优秀的文化作品能够更快速地传播到全球各地。例如，一些科普类的短视频在网络上广泛传播，让更多的人学习科学知识，了解前沿技术，从而激发公众的学习兴趣和创新思维。某短视频平台的数据显示，一些热门科普视频的播放量可以达到数百万甚至上千万次，对普及科学知识起到了巨大的作用。

内容共享还有助于激发创新活力。不同的创作者可以在共享的内容基础上进行二次创作和创新，产生更多丰富多彩的文化作品。例如，一些网络文学爱好者在原有的文学作品基础上进行同人创作，为文学领域带来了新的创意和活力。同时，内容共享也能够促进不同文化之间的融合和交流，丰富人们的精神生活。

③版权保护与内容共享的矛盾

然而，版权保护与内容共享之间也存在着一定的矛盾。一方面，严格的版权保护可能会限制内容的共享和传播。当版权所有者对其作品的使用权限进行严格限制时，可能会导致一些有价值的内容无法被广泛传播和利用，影响知识的普及和文化的交流。例如，一些学术论文由于版权限制，只能在特定的数据库中查阅，这对于广大科研人员和学生来说，获取这些知识的成本较高，一定程度上阻碍了学术研究的进展。

另一方面，过度的内容共享也可能会侵犯版权所有者的合法权益。在新媒体环境下，一些用户可能会在未经授权的情况下对他人的作品进行转载、分享甚至修改，这就容易引发版权纠纷。例如，一些自媒体账号为了吸引流量，经常未经授权转载他人的文章、图片和视频等内容，给版权所有者带来了经济损失和精神困扰。

（2）法规创新解决版权保护与内容共享矛盾的途径

①建立合理的版权授权机制

建立合理的版权授权机制是促进版权合理使用和共享的重要途径。例如，可以推广使用知识共享协议（Creative Commons，简称 CC 协议）。CC 协议允许创作者在保留部分权利的前提下，将自己的作品以特定的方式授权给他人使用。在中国，一些摄影师和插画师开始采用 CC 协议来分享自己的作品。他们可以选择不同的授权方式，如允许非商业性使用、允许修改和创作衍生作品等。这样既保护了创作者的基本权益，又促进了作品的传播和共享。据统计，采用 CC 协议的作品在网络上的传播范围和影响力明显扩大，同时也为其他创作者提供了更多的创作素材和灵感。

还可以建立版权交易平台，为版权所有者和使用者提供便捷的交易渠道。例如，一些音乐版权交易平台的出现，使得音乐创作者可以将自己的作品授权给各类音乐平台、影视制作公司等使用，实现版权的价值最大化。同时，使用者也可以通过这些平台快速找到自己需要的版权作品，提高内容创作的效率。以某音乐版权交易平台为例，自成立以来，已经促成了数千笔版权交易，涉及的音乐作品数量达到数十万首，为音乐产业的发展提供了有力的支持。

②加强对侵权行为的打击力度

加强对侵权行为的打击力度，提高侵权成本，是维护版权保护的重要手段。中国近年来不断加大对版权侵权行为的执法力度，通过完善法律法规、加强监管和执法等措施，严厉打击各类侵权行为。例如，2021 年，国家版权局等部门开展了打击网络侵权盗版专项行动，重点整治了影视、音乐、文学等领域的侵权行为。在这次行动中，共查处了数百起侵权案件，关闭了数十个侵权网站，对侵权者处以高额罚款。据统计，此次专项行动使得网络版权环境得到了明显改善，侵权行为的发生率大幅下降。

同时，还可以通过技术手段加强版权保护。例如，一些数字版权管理技术（Digital Rights Management，简称 DRM）可以对数字内容进行加密和权限管理，防止未经授权的复制和传播。一些视频平台采用了 DRM 技术，有效地保护了影视内容的版权。此外，还可以利用区块链技术对版权进行登记和溯源，提高版权保护的可信度和效率。

9.5　政策与法规的适应性、灵活性与前瞻性

9.5.1　新媒体法规的执行力度加强

第一，我国加强了对新媒体领域的执法力度，严厉打击网络违法犯罪行为。例如，对于网络诈骗、网络传销、网络赌博、网络侵权等违法犯罪行为，公安机关和相关部门依法进行打击，维护了网络安全和秩序。同时，对于一

些在新媒体平台上发布虚假信息、恶意造谣、传播不良信息等行为，也依法进行处罚，净化了网络环境。

第二，为了更好地执行新媒体法规，我国建立了多部门联合执法机制。多个部门协同作战，共同对新媒体领域的违法犯罪行为进行打击。例如，公安机关、网信部门、市场监管部门等联合开展执法行动，对网络违法犯罪行为进行全方位的打击。这种联合执法机制提高了执法效率，增强了执法力度，有效地维护了新媒体领域的法律秩序。

第三，除了政府部门的执法监管外，我国还加强了新媒体行业的自律和社会监督。新媒体行业协会、自律组织等积极发挥作用，制定行业规范和自律公约，引导新媒体从业者遵守法律法规，规范自身行为。同时，社会公众也积极参与新媒体的监督，通过举报、投诉等方式，对新媒体领域的违法犯罪行为进行监督。这种行业自律和社会监督机制与政府执法监管相结合，共同促进了新媒体的健康发展。

9.5.2 政策与法规的适应性分析与改进策略

随着新媒体技术的飞速发展，新闻传播领域发生了深刻变革。新媒体平台如微博、微信、抖音等的兴起，使得信息传播的速度、广度和方式都与传统媒体时代有了巨大差异。在这种情况下，新闻传播政策与法规的适应性分析变得至关重要。它能够帮助我们评估现行政策与法规是否能够有效应对新媒体带来的各种挑战和机遇，确保新闻传播活动在合法、健康、有序的轨道上运行。

例如，在社交媒体广泛应用的今天，信息传播的即时性和互动性极强。一条热门微博可能在几分钟内就能获得数万甚至数十万的点赞和转发，其传播影响力远超传统媒体的报道。这种快速传播也带来了一些问题，如虚假信息的扩散、网络谣言的传播等。此外，一些网络论坛、社交媒体平台上的用户言论可能会涉及侵权、诽谤、虚假信息等问题，而目前的一些法规在应对这些问题时，缺乏明确的规定和有效的执行手段。如果新闻传播政策与法规不能及时适应这种变化，就无法有效地规范和管理新媒体环境下的信息传播行为。

针对政策与法规在新媒体环境下出现的适应性问题，可以采取以下改进策略。

第一，修订现有政策与法规。针对新媒体环境下出现的新问题，对现有新闻传播政策与法规进行修订是必要的。例如，随着短视频平台的兴起，用户原创内容（UGC）大量涌现，其中涉及的版权问题日益突出。为了适应这一变化，我国对著作权法进行了修订，明确了网络环境下作品的定义和使用规范，加强了对网络版权的保护。修订后的著作权法规定，网络平台在传播用户上传的内容时，需要对其版权进行合理审查，如果明知是侵权内容而仍进行传播，将承担相应的法律责任。

这一修订使得新闻传播法规更好地适应了短视频等新媒体平台的发展需求，保护了创作者的权益，促进了内容创作的积极性。据相关数据显示，自著作权法修订后，一些短视频平台上的优质原创内容数量有所增加，版权纠纷案件数量有所下降，表明修订后的法规在规范新媒体版权市场方面取得了一定的成效。

第二，制定新的政策与法规。对于新媒体领域出现的一些全新业务模式和技术应用，需要制定新的政策与法规来进行规范和引导。例如，随着人工智能技术在新闻传播领域的应用逐渐广泛，如智能写作、算法推荐等，我国出台了相关的政策指导文件，明确了人工智能技术在新闻传播中的应用边界和伦理要求。这些政策文件要求新闻机构在使用人工智能技术时，要确保信息的真实性、客观性和公正性，避免算法偏见对信息传播造成不良影响。

同时，还规定了人工智能技术开发者和使用者的责任和义务，加强了对人工智能技术应用的监管。以某新闻客户端为例，在采用算法推荐技术为用户推送新闻内容时，根据相关政策要求，对算法进行了优化和调整，增加了人工审核环节，确保推荐的新闻内容符合社会价值观和用户需求。通过制定这些新的政策，引导人工智能技术在新闻传播领域的健康发展，为新媒体环境下的新闻传播创新提供了保障。

第三，加强政策与法规的执行力度。即使有完善的政策与法规，如果执行力度不够，也无法达到预期的效果。在新媒体环境下，加强政策与法规的执行力度尤为重要。例如，针对网络虚假信息的传播问题，我国相关部门加大了执法力度，建立了多部门协同的监管机制。2021年，网信办等部门联合开展了“清朗”系列专项行动，对各类网络平台上的虚假信息进行了集中清理和整治。在专项行动期间，共查处了数千个违规账号和网站，对发布虚假信息的行为进行了严厉打击。

据统计，在专项行动开展后的一段时间内，网络平台上的虚假信息传播量明显减少，信息传播环境得到了显著改善。同时，通过加强对新媒体平台的日常监管，要求平台落实主体责任，加强对内容的审核和管理，确保政策与法规的有效执行。例如，一些社交媒体平台建立了完善的内容审核团队和举报机制，用户可以对发现的虚假信息或不良信息进行举报，平台在收到举报后会及时进行处理。通过这些措施，有效地提高了新闻传播政策与法规在新媒体环境下的执行力和约束力。

9.5.3 法规对新闻传播行业的支持与约束平衡

（1）新闻传播法规的规范与保障双重使命

新闻传播法规在现代社会中扮演着至关重要的角色。一方面，它对新闻传播行业进行必要的规范和约束，以确保信息传播的准确性、客观性和合法性，保障公众利益和社会秩序的稳定。另一方面，它也肩负着为新闻传播行业发展提供支持和保障的重任，促进新闻事业的繁荣，推动社会的进步和信息的流通。

（2）平衡支持与约束关系的重要性

首先，过度监管可能会抑制新闻传播行业的创新活力和发展动力。如果法规过于严格，对新闻媒体的每一个环节都进行严格地限制，会使得媒体在应对快速变化的市场和技术迭代时变得束手束脚。据相关研究统计，在某些对新媒体监管过度严格的时期，新成立的小型新媒体企业数量增长率有所下降，创新型新闻产品的推出周期明显延长，这对整个行业的发展产生了一定的负面影响。其次，监管不足同样会引发诸多问题。缺乏有效的法规约束，可能会导致虚假信息、不良信息泛滥，扰乱社会舆论秩序，损害公众利益。比如，在一些社交媒体平台上，如果没有足够的监管来规范用户发布的内容，就可能会出现大量谣言、虚假新闻传播的情况，从而误导公众，引发社会恐慌。

（3）实现支持与约束平衡的具体策略及案例

①鼓励创新发展的支持措施

第一，为了鼓励新闻媒体创新发展，我国政府出台了一系列优惠政策。例如，对于从事融媒体发展的新闻机构，给予税收优惠和财政补贴。某地方电视台在积极推进融媒体建设过程中，享受到了当地政府的税收减免政策。根据相关数据，该电视台在实施融媒体项目后的几年内，因税收减免节省了数百万元的资金成本。这些节省下来的资金被用于购买先进的融媒体设备、培养专业技术人才以及开展新媒体业务的研发和推广。通过这些举措，该电视台成功打造了具有影响力的融媒体平台，实现了新闻传播方式的多元化创新，新闻传播的覆盖面和影响力得到了显著提升。

第二，国家设立了专项基金，支持新闻媒体的技术创新和内容创新项目。例如，某中央媒体申请到了国家文化产业发展专项资金，用于研发基于大数据和人工智能技术的新闻采编系统。通过该系统的应用，媒体能够更精准地分析用户需求，实现个性化新闻推荐，提高新闻传播的针对性和有效性。同时，该系统还提高了新闻采编的效率，减少了人力成本，使得媒体能够将更多的资源投入深度报道和创新内容的制作中。

第三，地方政府也通过各种方式为本地新闻媒体的发展提供资金支持。比如，某地方政府为支持本地报业集团的数字化转型，提供了专项贷款和贴息政策。报业集团利用这笔资金建设了数字化报纸平台和移动客户端，实现了报纸内容的在线阅读和互动功能。据统计，在数字化转型后的第一年，该报业集团数字版广告收入占总广告收入的比例从原来的 10% 提高到了 30%，为报业集团的可持续发展提供了新的动力。

②维护行业秩序的约束措施

第一，我国相关部门加强了对网络信息的监管，严厉打击虚假信息传播行为。2021 年，针对网络上流传的一些关于某知名企业的虚假负面信息，中央网信办迅速介入调查。经核实，这些信息是由一些不法分子故意编造并传播的，目的是诋毁该企业的声誉，扰乱市场秩序。网信办依法对造谣者进行了处罚，责令其删除虚假信息，并对其处以罚款的行政处罚。同时，要求各大网络平台加强信息审核，建立健全虚假信息举报机制。通过这些措施，有效地遏制了虚假信息的传播，维护了企业的合法权益和市场的正常秩序。

第二，社交媒体平台也积极配合监管部门，加强对虚假信息的治理。例如，微博平台建立了完善的虚假信息监测和处理系统，利用人工智能技术和人工审核相结合的方式，对平台上的信息进行实时监测。一旦发现虚假信息，立即进行标注和处理，对发布虚假信息的账号根据情节严重程度进行警告、封禁等处罚。

第三，新闻传播法规明确规定了禁止传播含有低俗、暴力、色情等不良内容的信息。以网络直播行业为例，近年来，一些直播平台上出现了部分主播为吸引眼球而进行低俗表演的现象。相关部门对此高度重视，出台了一系列监管规定，要求直播平台加强对主播行为和直播内容的管理。某知名直播平台在接到监管通知后，加大了对不良信息的审核和处理力度，组建了专业的内容审核团队，对直播内容进行 24 小时实时监控。一旦发现不良信息，立即中断直播，并对主播进行处罚。同时，平台还加强了对主播的培训和教育，提高他们的法律意识和职业道德水平。通过这些措施，该直播平台的内容质量得到了明显改善，用户投诉率大幅下降。据统计，在加强监管后的半年内，该平台因不良信息导致的用户投诉量减少了 70%，用户活跃度和忠诚度有所提升。

第10章　人工智能时代的新闻传播

10.1　人工智能技术在新闻采集与生产中的应用

10.1.1　自动化写作与新闻模板生成

（1）自动化写作在新闻生产中的应用及案例

自动化写作是人工智能在新闻领域的一项重要应用，它主要依托自然语言处理技术和机器学习算法。自然语言处理技术使计算机能够理解和处理人类语言，而机器学习算法则让计算机通过大量的数据学习和模式识别，掌握新闻写作的规律和技巧。通过这些技术，人工智能可以快速分析和处理各种信息源，如比赛数据、财务报表、事件描述等，并将其转化为逻辑清晰、语言通顺的新闻稿件。

与传统的人工写作相比，自动化写作具有显著的优势。首先，它能够极大地提高新闻生产的效率。在面对实时性要求极高的新闻事件时，如体育赛事、财经动态等，人工智能可以在短时间内快速生成新闻报道，及时满足读者对信息的需求。其次，自动化写作可以减少人为因素导致的错误和偏差，保证新闻稿件的准确性和客观性。最后，它还能够 24 小时不间断工作，大大增加了新闻生产的总量和覆盖范围。

（2）新闻模板生成在新闻生产中的应用及案例

新闻模板生成是人工智能在新闻生产中的另一重要应用。通过对大量已有的新闻稿件进行分析和学习，人工智能可以提取不同类型新闻的写作模板，包括结构、语言风格、段落布局等要素。当有新的新闻事件发生时，它可以根据事件的类型和特点，选择合适的模板，并将相关信息填入模板中，快速生成符合规范的新闻稿件。

新闻模板生成的应用具有多方面的作用。首先，它大大提高了新闻生产的效率。记者和编辑可以在人工智能生成的模板基础上进行快速修改和完善，节省了大量的写作时间。其次，模板的使用保证了新闻稿件的质量和规范性。每个模板都是经过对大量优质新闻稿件的分析和总结得出的，遵循了新闻写作的基本规范和原则，能够使新闻稿件在结构和语言上更加严谨、统一。最后，新闻模板生成还可以帮助新手记者更快地掌握新闻写作技巧，提高他们的工作效率和质量。

10.1.2 智能语音识别与新闻采访

（1）智能语音识别技术在新闻采访中的应用及优势

在新闻采访过程中，记者需要准确记录受访者的话语，以便后续进行整理和报道。传统的采访记录方式主要是手写或手动录入设备，不仅速度较慢，还容易出现遗漏或错误。智能语音识别技术的出现改变了这一现状。记者可以使用配备智能语音识别功能的设备，如智能手机、录音笔等，在采访过程中将受访者的语音实时转换为文字记录，无须记者分心去记录，从而使记者能够更加专注于与受访者的交流，提高采访的质量和深度。

采访结束后，记者可以直接在文字记录的基础上进行编辑和整理，快速提取关键信息，撰写新闻稿件。同时，文字记录还便于记者对采访内容反复查阅和分析，确保新闻报道的准确性和客观性。例如，一篇关于科技创新的采访报道，涉及众多专业术语和复杂的技术概念，通过智能语音识别技术将采访内容转化为文字后，记者可以更加轻松地梳理受访者的观点和论据，准确把握报道的重点，提高新闻稿件的质量和可读性。

（2）智能语音识别与人工智能翻译技术相结合

在全球化的背景下，国际新闻报道和跨文化交流日益频繁。智能语音识别技术与人工智能翻译技术的结合为新闻采访带来了新的突破。记者在进行国际采访时，可以通过智能语音识别设备将受访者的语言实时转化为文字，并利用人工智能翻译技术将其翻译成各国语言。这使得记者能够与拥有不同语言背景的受访者顺畅地交流，获取更丰富的新闻素材。同时，这种多语言采访和报道的方式也促进了不同文化之间的交流与理解，为全球信息传播和文化融合提供了有力支持。

10.1.3 基于图像识别的新闻素材获取

（1）图像识别技术在获取新闻素材方面的应用

随着社交媒体的普及，用户每天在各种平台上分享海量的图片和视频，其中蕴含着丰富的新闻线索和素材。图像识别技术使新闻媒体能够从海量的信息中快速筛选出与新闻事件相关的内容。该技术通过对图像和视频中的特征进行分析和识别，如物体、场景、人物、文字等，与预设的新闻关键词或事件特征进行匹配，从而准确找到有价值的素材。

例如，2022 年北京冬奥会期间，新华社等众多新闻媒体应用图像识别技术来获取相关素材。社交媒体上关于冬奥会的图片和视频数量呈爆炸式增长，新华社利用图像识别技术，能够快速从微博、抖音等平台上筛选出与冬奥会比赛现场、运动员风采、赛事周边等相关的图片和视频。通过设定关键词，如“冬奥会”“滑雪”“冰壶”“金牌时刻”等，以及特定的场景特征和运动员形象特征，图像识别系统在短时间内筛选出大量高质量的素材。据新华社统计，在冬奥会期间，通过图像识别技术每天平均能够筛选出数千张与冬奥会相关的有效图片和数百段视频，极大地丰富了新闻报道的内容。这些素材被广泛应用于新闻报道、专题制作和社交媒体传播等方面，全方位、多角度地为观众呈现了冬奥会盛况，增强了新闻报道的时效性和吸引力。

筛选出的图片和视频素材为新闻报道提供了生动、直观的内容支撑。相比于文字描述，图像和视频更能吸引读者的注意力，传达现场感和情感氛围。例如，在报道一场激烈的体育比赛时，一张运动员冲刺瞬间的精彩照片或一段比赛关键节点的视频，能够让读者更直观地感受到比赛的紧张和激烈程度。在突发事件报道中，现场的图片或视频，能够更真实地反映事件的情况，增强新闻报道的可信度和影响力。

（2）图像识别技术在新闻图片审核和分类方面的应用

①避免虚假和不适当图片传播

第一，虚假图片可能会误导公众，损害新闻媒体的公信力。图像识别技术可以通过分析图片的特征、元数据以及与已知真实图片的对比，来检测虚假图片。例如，对于经过篡改的图片，图像识别系统可以检测到图像中的异常像素分布、光影不一致等特征。在 2021 年，曾有一张虚假的“名人慈善活动现场”图片在网络上流传，某知名新闻网站在收到该图片投稿后，利用图像识别技术进行审核。系统通过对图片的像素分析和与该名人以往真实活动照片的对比，发现了图片中人物边缘的不自然过渡以及场景细节与实际场地不符等问题，从而判定该图片为虚假图片，避免了其传播可能带来的不良影响。

第二，新闻媒体需要确保传播的内容符合道德和法律规范。图像识别技术可以通过识别图片中的敏感内容特征，如暴力、色情、血腥等，对新闻图片进行审核和过滤。例如，通过对图片中人物皮肤裸露程度、人体姿态、暴力场景特征等的分析，判断图片是否适合传播。以一家省级电视台为例，2022年全年，其图像识别审核系统共审核了数百万张新闻图片，成功过滤了数千张包含不适当内容的图片，维护了新闻传播的健康环境，确保了观众能够接收积极、正面的新闻信息。

②图片分类方便素材管理和检索

图像识别技术可以根据图片的内容、主题、拍摄时间、地点等多种因素对新闻图片进行分类。例如，识别图片中的物体后，可以将图片分为人物、风景、建筑、动物等类别；通过对图片中场景的分析，可以将图片分为体育赛事、会议活动、自然灾害、社会生活等类别。同时，结合图片的元数据，如拍摄时间和地点信息，可以进一步细化分类。以人民日报的图片库管理为例，它在对 2023 年的新闻图片进行分类时，系统首先对图片进行内容识别，将图片分为政治、经济、文化、科技、体育、社会等大类。然后，在每个大类下，根据图片中的具体元素和场景进行细分。例如，在体育类中，又分为足球、篮球、田径、游泳等小类；在社会类中，分为民生保障、社会治安、突发事件等小类。同时，结合拍摄时间和地点信息，如“2023 年 5 月北京天安门广场升旗仪式”，为图片添加详细的标签，方便后续的管理和检索。

通过图像识别技术进行分类后，新闻媒体在素材管理和检索方面的效率得到了极大提高。记者和编辑在查找特定主题或事件的图片时，可以通过关键词搜索快速找到所需的图片。例如，当需要撰写一篇关于“2023 年中国科技创新成果展”的报道时，编辑可以在图片库中输入“2023 年”“科技创新成果展”等关键词，系统会迅速筛选出相关的图片，包括展会现场的全景照片、各类科技展品的特写照片、参展人员的交流照片等。相比传统的人工分类和检索方式，这种基于图像识别技术的方法大大节省了采编人员的时间和精力。

10.2　人工智能技术在新闻分发与推荐中的创新

10.2.1　个性化推荐算法的优势与挑战

（1）人工智能在新闻推荐中的优势

①提供个性化新闻推荐服务

人工智能技术能够为用户提供高度个性化的新闻推荐。当有新闻事件发生时，算法会根据新闻的主题、关键词、来源等特征与用户的兴趣画像进行匹配，将最符合用户兴趣的新闻推荐给用户。例如，今日头条的个性化推荐系统，通过对用户数据的深度挖掘和分析，能够为用户精准推荐各类新闻内容。如果用户在一段时间内频繁浏览关于人工智能技术发展的新闻，系统会在后续的推荐中优先推送与人工智能相关的最新报道、深度分析文章和专家观点等内容。

此外，个性化新闻推荐服务能够让用户在海量的新闻信息中快速找到自己感兴趣的内容，从而提高用户的阅读体验和满意度。以腾讯新闻为例，其个性化推荐功能使得用户能够更加便捷地获取符合自己兴趣的新闻。通过个性化推荐，他们能够更高效地获取自己关注的新闻，减少了在不感兴趣的内容上浪费的时间，阅读体验得到了显著提升。

②提高新闻媒体的用户黏性和影响力

个性化推荐服务能够满足用户的个性化需求，从而增强用户黏性。当用户发现新闻平台能够不断提供他们感兴趣的内容时，他们会更频繁地访问该平台，与平台建立更紧密的联系。例如，新浪新闻通过不断优化个性化推荐算法，提高推荐的准确性和及时性，吸引了大量用户的持续关注。根据新浪新闻的用户活跃度数据，在个性化推荐功能不断完善的过程中，用户的日活跃用户数（DAU）和月活跃用户数（MAU）持续增长，用户留存率也得到显著提高。

此外，新闻媒体通过个性化推荐服务，能够激发用户的分享欲望，提高新闻的传播效果。以人民日报客户端为例，其个性化推荐功能使得一些优质的新闻内容能够更精准地推送给目标用户，用户的分享和转发量大幅增加。

（2）个性化推荐算法面临的挑战及解决方案

个性化推荐算法通常是基于大量的数据进行训练的，而数据本身可能存在偏见。例如，如果训练数据主要来自于特定的地区、人群或观点，算法可能会倾向于推荐与这些数据相关的新闻内容，从而导致推荐结果不够客观和全面。此外，算法的设计和参数设置也可能会引入偏见。例如，如果算法过于强调用户的短期兴趣，而忽略了长期的、多元化的兴趣需求，就可能会导致推荐结果的片面性。同时，个性化推荐算法根据用户的兴趣爱好为其推荐新闻内容，可能会使用户只接触到自己感兴趣的话题而忽略了其他信息，久而久之其信息获取范围会越来越狭窄，形成信息茧房，从而影响其思维的开阔性和判断力。

解决个性化推荐算法问题的方案，一是优化个性化推荐算法，二是加强对用户的引导。

新闻媒体可以通过不断改进算法的设计和参数设置，提高个性化推荐的准确性和客观性。例如，可以引入更多的数据源，包括不同地区、不同人群的行为数据和新闻内容，以丰富算法的训练数据，减少数据偏见。同时，可以采用更加先进的算法模型，如深度学习算法、强化学习算法等，提高算法对用户兴趣的理解和预测能力。此外，还可以建立算法的评估和反馈机制，定期对算法的推荐结果进行评估和分析，根据用户的反馈和实际效果进行调整和优化。例如，百度新闻为了解决个性化推荐算法中的偏见问题采取了一系列措施进行算法优化。他们引入了大规模的多源数据，包括来自不同地区、不同行业、不同年龄段用户的行为数据和新闻内容，使算法能够更好地理解用户的多元化需求。同时，百度新闻采用了深度学习算法和强化学习算法相结合的方式，不断提高算法的准确性和自适应性。在算法的评估和反馈方面，百度新闻建立了用户反馈渠道和数据分析系统，定期收集用户的反馈意见，并对推荐结果进行评估和分析。根据用户的反馈和实际效果，及时调整算法的参数和策略，提高推荐结果的质量。

新闻媒体可以通过多种方式引导用户了解更多不同类型的新闻内容，打破信息茧房。例如，可以在推荐页面设置“发现更多”“热门话题”“多元化推荐”等板块，向用户展示一些与他们平时兴趣不同的新闻内容，激发用户的好奇心和探索欲望。同时，可以通过推送一些重要的新闻事件、热点话题和不同观点的文章，引导用户关注更广泛的社会问题和话题。此外，还可以举办一些线上线下的互动活动，如新闻讨论、专题讲座等，促进用户之间的交流和思想碰撞，拓宽用户的视野。例如，网易新闻为了避免用户陷入信息茧房，采取了多种用户引导策略。它在推荐页面上，设置了“今日热点”“全球视野”“深度解读”等板块，向用户推荐一些热门的、具有广泛影响力的新闻内容和深度分析文章。同时，网易新闻还会定期推送一些重要的新闻事件和热点话题，引导用户关注社会热点和公共事务。此外，网易新闻还举办了多场线上新闻讨论活动，邀请专家和用户一起参与讨论，促进用户之间的交流和思想碰撞。

10.2.2　基于情感分析的精准推送

（1）情感分析技术在新闻精准推送中的应用

①了解用户情感倾向

第一，情感分析技术主要通过自然语言处理和机器学习算法，对文本中的词汇、语法结构、语义等进行分析，从而判断出文本所表达的情感倾向，如积极、消极或中性。在新闻领域，该技术可以应用于分析用户对新闻文章的评论、分享、点赞等行为数据，以及用户在社交媒体上对新闻话题的讨论内容。例如，通过对用户评论中的关键词、表情符号和语气词的识别和分析，来确定用户对某一新闻内容的情感态度。如果评论中出现了“太棒了”“点赞”“支持”等积极词汇，或者大量的正面表情符号，那么可以初步判断用户对该新闻的情感倾向为积极。

第二，社交媒体平台覆盖了各种类型的内容，如政治、经济、娱乐、体育、社会等。情感分析技术可以帮助媒体了解用户对不同类型新闻的情感差异。例如，对于娱乐新闻，用户可能更容易表现出积极的情感倾向，尤其是在涉及明星的正面事件或热门影视作品的报道时；而对于一些社会热点问题或负面事件的新闻，用户的情感反应可能更加复杂，既有对问题的关注和担忧（表现为消极情感），也有对解决问题的期待和呼吁（可能包含积极情感成分）。通过对这些情感反应的深入分析，新闻媒体可以更好地把握用户的兴趣点和需求。

②实现精准推送

根据用户对新闻内容的情感倾向分析结果，新闻媒体可以制定相应的推送策略。对于用户关注度高且情感倾向积极的新闻内容，媒体可以进行重点推荐，以提高新闻的传播效果。例如，当一部热门电影上映后，用户对相关的影评和新闻报道表现出高度的关注和积极的情感反馈，新闻媒体可以加大对这类内容的推送力度，包括推荐更多相关的电影资讯、幕后故事、演员访谈等内容，满足用户对该话题的兴趣需求。同时，对于一些具有重要社会意义但可能情感倾向较为复杂的新闻，媒体也可以通过合理的推送方式，引导用户进行深入思考和广泛讨论。

（2）情感分析技术在舆论引导中的应用

根据新闻评论的情感倾向分析结果，新闻媒体可以制定相应的舆论引导策略。对于积极的情感倾向，媒体可以进一步强化正面宣传，传播正能量，引导用户形成积极的社会共识。例如，当某一地区在脱贫攻坚工作中取得显著成效，用户在新闻评论中表达出喜悦和赞赏之情时，媒体可以推出更多关于该地区脱贫经验和成果的报道，激发更多地区的脱贫动力和信心。对于消极的情感倾向，媒体则需要及时回应和引导，通过客观、准确的报道和深入的分析，缓解公众的担忧和不满情绪，引导舆论向理性、积极的方向发展。例如，在面对公共卫生事件时，部分用户可能会在评论中表现出恐慌和焦虑情绪，媒体可以及时发布权威的科学知识、防控措施和进展情况，同时邀请专家进行解读和答疑，引导用户正确看待事件，稳定社会情绪。

10.2.3 智能搜索引擎与新闻发现

（1）智能搜索引擎理解用户搜索意图的能力

①自然语言处理技术的深度应用

自然语言处理技术是智能搜索引擎理解用户搜索意图的关键。它可以对用户输入的文本进行词法分析、句法分析、语义理解等多层面的处理。例如，当用户输入“最近的科技创新成果对医疗行业的影响”这样较为复杂的查询语句时，智能搜索引擎能够准确识别“最近”“科技创新成果”“医疗行业”“影响”等关键信息，并理解用户想要了解的是近期在科技领域的创新成果对医疗行业所产生的作用和变化。通过对大量文本数据的学习和训练，智能搜索引擎可以掌握不同词汇之间的语义关系和上下文信息，从而更准确地理解用户的搜索意图，避免了传统搜索引擎可能出现的关键词简单匹配导致的不准确结果。

②机器学习算法的精准分析

机器学习算法为智能搜索引擎提供了强大的数据分析和预测能力。在用户不断进行搜索的过程中，搜索引擎会收集大量的用户行为数据，包括搜索关键词、点击的搜索结果、浏览时间等。通过对这些数据进行分析，搜索引擎可以建立起用户的兴趣模型和搜索模式，从而更好地理解用户的个性化需求。例如，如果一个用户经常搜索关于体育赛事的新闻，那么当他输入一个不太明确的关键词时，智能搜索引擎可以根据他的历史搜索行为，推测出他可能更关注与体育赛事相关的新闻内容，并优先提供相关的搜索结果。这种基于机器学习算法的精准分析，使得智能搜索引擎能够为用户提供更加符合其期望的搜索结果，大大提高了用户的搜索效率和满意度。

（2）智能搜索引擎与人工智能推荐技术的结合

①基于用户搜索历史的深度分析

智能搜索引擎可以对用户的搜索历史进行详细的分析，从中提取出用户的兴趣偏好和关注领域。例如，如果用户在过去一段时间内频繁搜索关于科技领域的新闻，如人工智能、区块链、5G 技术等，那么搜索引擎会将这些信息记录下来，并建立用户的科技兴趣档案。通过对用户搜索历史的长期跟踪和分析，搜索引擎可以了解用户的兴趣变化趋势，及时发现用户新的兴趣点。例如，如果一个原本关注人工智能技术的用户，最近开始搜索关于人工智能在医疗领域的应用，那么搜索引擎可以推断出用户对人工智能与医疗的交叉领域产生了兴趣，并在后续的推荐中重点推送相关的新闻内容。

②根据兴趣爱好的精准推荐

除了搜索历史外，智能搜索引擎还可以结合用户的兴趣爱好进行新闻推荐。例如，如果用户在注册账号时填写了自己喜欢的运动项目是足球，那么搜索引擎会在日常的新闻推送中，优先推荐与足球相关的新闻，如国内外足球赛事的报道、足球明星的动态、足球产业的发展等。同时，搜索引擎还会根据用户的兴趣爱好，对新闻内容进行个性化的筛选和排序。例如，对于喜欢足球的用户，搜索引擎会将关于足球比赛结果的新闻排在前面，而对于足球商业合作等方面的新闻则排在后面，以满足用户的个性化需求。

10.3　人工智能时代新闻传播的监管与法律应对

10.3.1　法律法规的缺失与完善方向

（1）新闻传播中人工智能应用的法律法规监管现状

①缺乏明确法律法规规定

第一，自动化写作技术的发展使得新闻稿件的生成速度和数量大幅增加，但随之而来的版权归属问题却变得模糊不清。目前，对于由人工智能生成的新闻稿件，其版权究竟属于算法开发者、新闻媒体机构还是其他相关方，尚无明确的法律界定。例如，一些新闻媒体使用自动化写作软件生成了大量稿件，部分稿件被其他媒体未经授权转载，引发了版权纠纷，但由于缺乏相关法律依据，难以进行有效的维权和责任判定。

第二，目前，我国尚未出台专门针对智能推荐算法公正性的法律法规。一些新闻平台的智能推荐算法可能会根据用户的浏览历史和偏好，过度推荐某些热门话题或符合特定意识形态的新闻，导致用户信息茧房的形成，限制了用户对不同观点和多元信息的接触。

②不同地区法律差异与国际协调的挑战

第一，在全球范围内，不同国家和地区对于人工智能在新闻传播中的法律法规监管存在显著差异。例如，在欧洲，由于其对数据保护和隐私较为重视。如欧盟的《通用数据保护条例》（GDPR）对人工智能涉及的数据采集、存储和使用等方面有着严格的规定。这就要求在欧洲运营的新闻媒体或人工智能新闻服务提供商，在利用人工智能技术进行新闻传播时，必须严格遵守这些规定，确保处理用户数据时合法。而在一些亚洲国家，虽然也有数据保护方面的相关法律，但在具体的规定细则和执行力度上与欧洲有所不同。这种地区法律差异使得跨国新闻传播企业在应用人工智能技术时面临复杂的监管环境。例如，一家全球性的新闻聚合平台，想要利用人工智能算法对全球新闻进行个性化推荐，就需要考虑不同地区的法律要求，这增加了企业运营的成本和合规的难度。

第二，目前，在人工智能新闻传播的监管方面，国际上缺乏统一的协调机制。随着新闻传播的全球化，人工智能技术不受地域限制的特性使得新闻能够快速地在全球范围内传播。然而，由于各国法律体系的独立性，在涉及人工智能新闻传播的一些关键问题上，如算法伦理、数据跨境流动等，难以达成一致的监管标准。这就可能导致一些不良的新闻传播行为在国际间游走于法律的灰色地带，而国际间由于缺乏有效的协调机制，难以对这种行为进行有效的打击和遏制。

（2）完善新闻传播中人工智能应用法律法规监管的策略

①政府加强研究与监管，制定相关法律法规和政策措施

第一，政府应加大对人工智能技术的研究投入，成立专门的研究机构或

组织专家团队，深入了解人工智能在新闻传播中的应用特点、技术原理和潜在风险。通过与科研机构、高校和企业的合作，开展前瞻性的研究，为制定科学合理的法律法规提供技术支持和理论依据。例如，政府可以资助相关科研项目，研究如何通过技术手段检测和评估智能推荐算法的公正性，以及如何确定自动化写作稿件的版权归属等关键问题。

第二，基于对人工智能技术的深入研究，政府应尽快完善相关的法律法规。对于自动化写作技术的版权问题，明确规定版权的归属原则和使用规则，保障创作者和使用者的合法权益。可以参考国际上的相关经验和做法，结合我国国情，制定符合我国新闻传播行业发展需求的版权法律法规。例如，规定如果人工智能写作软件是由新闻媒体机构自主开发并用于内部新闻生产，那么版权归该媒体机构所有；但如果软件是由第三方公司开发并提供服务，那么版权归属应根据双方的合同约定来确定，同时要明确规定用户在使用这些稿件时的权利和义务。

政府还应就智能推荐算法的公正性问题制定相关监管法规，要求新闻平台公开算法的基本原理和运行机制接受社会监督。建立算法评估和审核制度，定期对新闻平台的智能推荐算法进行公正性评估，对存在明显偏向性或不公正的算法要求平台进行整改。例如，规定新闻平台在使用智能推荐算法时，必须确保推荐内容的多样性和平衡性，不能过度集中推荐某一类观点或话题的新闻。同时，要求平台建立用户反馈机制，及时处理用户对推荐算法公正性的投诉和建议。

第三，政府还应制定相关的政策措施，鼓励和引导新闻媒体行业合理应用人工智能技术。例如，出台税收优惠政策，鼓励新闻媒体机构加大对人工智能技术研发和应用的投入，同时要求其在应用过程中遵守法律法规和道德规范。设立专项资金，支持人工智能在新闻传播领域的创新应用项目，推动行业的技术升级和发展。此外，加强对新闻媒体从业人员的培训，提高他们对人工智能技术的认识和应用能力，使其能够更好地应对人工智能带来的挑战和机遇。

②新闻媒体加强自律，遵守法律法规

第一，新闻媒体机构应自觉遵守法律法规，建立健全内部的合规制度。成立专门的法务团队或合规部门，负责对人工智能技术在新闻生产和传播中的应用进行监督和管理。制定详细的操作规范和流程，确保人工智能技术的使用符合法律法规的要求。例如，在使用自动化写作技术时，明确规定稿件的审核流程，除了对内容的准确性进行审核外，还要在版权问题上把关，确保使用的合法性。在应用智能推荐算法时，制定算法使用准则，明确要求算法团队遵循公正性原则，避免出现过度推荐和信息偏向的问题。

第二，新闻媒体机构要加强对员工的培训和教育，提高员工的法律意识和职业道德水平。组织员工学习相关的法律法规和政策文件，让员工了解人工智能在新闻传播中应用的法律边界和道德底线。开展技术培训，使员工掌握人工智能技术的基本原理和操作方法，并能正确使用人工智能工具进行新闻生产和传播。同时，加强对员工的职业道德教育，培养员工的社会责任感和新闻专业精神，确保其在使用人工智能技术时，始终以公众利益为出发点，传播真实、客观、全面的新闻信息。

新闻媒体机构应积极参与行业自律组织，共同推动行业的规范发展。行业自律组织可以制定行业规范和标准，对人工智能在新闻传播中的应用进行自律管理。例如，中国新闻技术工作者联合会等行业组织可以制定关于自动化写作技术和智能推荐算法的行业标准，明确技术应用的规范和要求，加强对会员单位的监督和指导。新闻机构通过参与行业自律组织，与其他同行进行交流和合作，共同探讨解决人工智能应用中出现的问题，提高整个行业的自律水平和规范化程度。

10.3.2 监管机制的建立与创新

（1）具体监管机制的建立与案例

①建立人工智能新闻审查机制

人工智能新闻审查机制应着重对自动化写作的新闻稿件进行全面审查。首先，要确保新闻内容的真实性，核实稿件中所涉及的事实、数据是否准确可靠。例如，对于一篇由人工智能生成的关于某地区经济发展的新闻稿件，审查人员需要核对其中的经济增长数据、产业发展情况等是否与官方统计数据或实际调查相符。其次，要关注新闻内容的客观性，检查稿件是否存在主观偏见、片面报道或过度渲染等问题。例如，在报道一场社会事件时，审查稿件是否能客观地呈现事件的各方观点和事实真相，避免对某一方的偏袒或歪曲。

制定明确的审查标准和流程是确保审查机制有效运行的关键。新闻机构可以设立专门的审查指标体系，包括事实准确性指标、观点平衡性指标、语言规范性指标等。对于每一篇自动化写作的新闻稿件，按照这些指标进行量化评估，只有达到一定标准的稿件才能发布。同时，严格执行稿件审查流程，从稿件的生成到发布，经过多轮审核，如初审由人工智能写作系统进行初步的语法、逻辑检查，然后由专业编辑进行内容真实性和客观性的审核，最后由资深审核人员进行终审，确保稿件质量符合要求。

②建立人工智能新闻投诉机制

建立便捷、高效的人工智能新闻投诉机制，让用户能够方便地对智能推荐算法的公正性和客观性进行投诉和监督。新闻平台可以在网站首页、移动应用的菜单栏等显著位置设置“投诉建议”按钮。用户点击后，能够快速填写投诉内容，包括投诉的具体问题（如推荐内容过于单一，存在偏见性推荐等）、相关新闻链接或截图等证据材料，以及用户的联系方式等信息。

对于用户的投诉，新闻平台应建立快速响应和处理流程。首先，由专门的客服团队对投诉进行初步筛选和分类，将问题反馈给相关技术部门进行调查分析。技术部门通过对智能推荐算法的运行日志、用户数据等进行深入分析，查找问题的根源。例如，如果用户投诉智能推荐算法总是推荐某一类特定观点的新闻，技术人员会检查算法中是否存在对该类观点的过度加权或数据偏差等问题。在确定问题后，制定解决方案并及时反馈给用户。短时间内解决一般性问题，对于较为复杂的问题，也要定期向用户通报处理进度。

③案例：算法投诉机制

某新闻推送平台通过建立多种投诉渠道，如在线客服和电子邮件等，方便用户随时反馈问题。根据该平台的统计数据，在 2024 年上半年，平台处理的投诉主要集中在两个方面：推荐内容与用户兴趣不符，占比约 60%；推荐内容缺乏多样性，占比约 30%。对于这些用户反馈，平台客服团队承诺在收到投诉后的 24 小时内进行初步回应。投诉信息被整理分类后，会提交给技术团队进行深入分析。技术团队通过数据分析发现，部分问题源于算法在学习用户兴趣时的偏差，尤其是对于新注册用户，算法可能会根据用户的少量行为进行过度推断，导致推荐内容与用户实际兴趣不符。为了解决这些问题，技术团队对推荐算法进行了优化，增加了用户兴趣模型的初始化数据量，并采用了更先进的机器学习算法来提高对用户兴趣的准确理解。此外，为了增加内容的多样性，算法中还引入了多样性指标，对推荐结果进行约束，确保用户能够接触不同类型的新闻。经过这些优化措施，该平台在解决用户投诉方面的成功率达到了90%以上，用户对智能推荐算法的满意度也有所提升。根据用户反馈调查，在优化后，认为推荐内容更符合自己兴趣的用户比例提高了20%，认为推荐内容多样性得到改善的用户比例达到了40%。

（2）监管机制的创新与案例

①利用区块链技术建立去中心化新闻监管机制

区块链技术具有去中心化、不可篡改、透明可追溯等特点，将其应用于新闻监管机制中能够有效提高监管的透明度和公正性。在传统的新闻监管模式中，往往存在信息不对称、监管权力集中等问题，而区块链技术可以打破这种局面。通过建立基于区块链的新闻监管平台，所有的新闻内容、传播路径、用户反馈等信息都可以被记录在区块链上，形成一个不可篡改的分布式账本。这样一来，无论是新闻媒体机构、监管部门还是用户，都可以在平等的基础上获取和验证这些信息，确保监管过程的公开透明。例如，在新闻内容真实性的监管方面，当一篇新闻稿件发布时，其相关的信息（如作者、编辑、发布时间、内容摘要等）可以通过区块链技术进行加密。如果后续发现该稿件存在虚假信息或内容争议，监管部门和用户可以通过区块链上的记录追溯到稿件的源头和传播过程，快速查明责任方。同时，区块链技术还可以实现对智能推荐算法的监管。算法的代码和运行数据可以上链存储，监管部门和公众可以随时查看算法的运行逻辑和决策过程，确保算法的公正性和客观性。这种去中心化的监管模式能够减少人为干预和权力寻租的可能性，提高新闻监管的公信力。

②案例：趣链科技与某地方新闻媒体合作的区块链新闻平台试点

某科技公司是国内领先的区块链技术企业，2023年与某地方新闻媒体合作开展了基于区块链技术的新闻平台试点项目。该项目旨在探索利用区块链技术建立更加透明、公正的新闻监管机制。在这个试点平台上，所有的新闻稿件在发布前都经过区块链技术的加密处理，并将相关信息记录在区块链上。当用户阅读新闻时，可以通过平台提供的区块链浏览器查看新闻的详细信息和传播路径。例如，一篇关于当地民生政策解读的新闻稿件发布后，用户可以看到该稿件的作者信息、编辑信息以及在不同渠道传播的情况等。同时，平台利用区块链技术建立了用户反馈机制。用户对新闻内容或推荐算法的投诉和建议也会被记录在区块链上，并且可以实时跟踪处理进度。在试点期间，该平台共发布了 1000 篇新闻稿件，收到用户反馈 500 余条。通过区块链技术的应用，新闻媒体机构能够更加及时、准确地了解用户的需求和意见，并对新闻内容和推荐算法进行优化调整。此外，监管部门通过区块链平台能够更加高效地对新闻传播进行监管，及时发现和处理一些潜在的问题。例如，在一次对热点事件的报道中，监管部门通过区块链上的记录发现某篇新闻稿件的传播数据异常，经过调查核实，及时纠正了该稿件中存在的一些不准确信息，避免了虚假信息的进一步扩散。这个案例充分展示了区块链技术在新闻监管中的创新应用价值，为完善新闻监管机制提供了有益的借鉴。

10.3.3 新闻行业自律

第一，新闻媒体应始终将真实性作为新闻报道的生命线，无论是在传统新闻采编还是人工智能辅助的新闻生产过程中，都要严格核实信息来源，确保新闻内容准确无误。例如，在使用人工智能进行数据新闻报道时，要对数据的采集、整理和分析严格把关，避免因数据错误或误导性解读导致虚假新闻的产生。

第二，新闻媒体要避免在报道中带入主观偏见，无论是在选题策划、采访还是写作环节，都应客观地呈现事实。当使用人工智能进行新闻写作时，要注意避免算法偏见对内容产生的影响。在报道热点事件时，不能只关注某一方的观点和利益，而要全面、平衡地呈现各方的声音和情况。例如，某新闻机构在报道一些具有争议性的社会事件时，如城市建设中的拆迁问题，会充分利用人工智能技术收集各方的信息和观点，但在编辑过程中，会对人工智能采集到的大量信息进行筛选和分析。该新闻机构的记者会深入现场采访不同利益相关者，包括居民、开发商、政府部门等，确保报道能够客观地反映事件的全貌和各方的诉求。

第三，新闻媒体在利用人工智能技术进行新闻采集和传播时，要严格遵守隐私保护和版权法律法规。例如，在使用图像识别技术获取新闻素材时，不能侵犯他人的肖像权和隐私权；在使用自动化写作技术时，要明确稿件的版权归属，避免侵权纠纷。

第四，新闻媒体要定期对使用的人工智能算法进行评估和改进，以适应不断变化的新闻传播环境和社会需求。通过对算法的评估，发现其中存在的问题和不足，及时进行调整和优化，提高算法的性能和公正性。

第11章 新闻教育适应新媒体环境的变革

11.1 新闻教育面临的挑战

11.1.1 新媒体技能与新闻传播教育的融合

（1）新媒体发展改变新闻生产与传播方式

在传统媒体时代，新闻生产是一个相对封闭的过程，主要由专业的记者、编辑等人员在新闻机构内部完成。然而，新媒体的出现彻底打破了这种格局。随着社交媒体平台、自媒体的兴起，每个人都可以成为新闻的生产者。这种现象被称为“公民新闻”。

新媒体的互动性更是传统媒体所无法比拟的。读者不再是被动的接受者，他们可以在新闻下方发表评论、分享自己的观点，甚至可以与新闻生产者进行实时互动。这就要求新闻教育培养的人才要适应这种新的传播生态。

新媒体时代的新闻人才需要具备扎实的新闻专业知识，这是基础。他们要了解新闻的基本概念、新闻价值判断、新闻伦理等传统新闻理论知识。然而，仅仅有这些是远远不够的。

掌握新媒体技术是必备技能之一。从基本的新媒体平台操作，如社交媒体平台的使用、新媒体编辑工具的运用，到高级的技术应用，如数据挖掘、人工智能技术在新闻中的应用等。例如，懂得利用人工智能算法进行新闻推荐，能够提高新闻的精准传播。

数据分析能力在新媒体时代的新闻工作中至关重要。通过分析数据，新闻工作者可以了解读者的地域分布、年龄层次、阅读习惯等情况，从而进行精准的新闻选题和内容定制。社交媒体运营能力也是不可或缺的。新闻人才要知道如何在不同的社交媒体平台上建立品牌形象，吸引粉丝，从而提高新闻的传播范围和影响力。

创新思维在新媒体新闻环境下尤为突出。由于新媒体上信息海量，只有具有创新思维的新闻作品才能脱颖而出。创新可以体现在新闻选题、报道角度、呈现形式等多个方面。例如，采用虚拟现实（VR）或增强现实（AR）技术来呈现新闻事件，给受众带来全新的体验。

（2）新媒体技能在新闻教育中的重要性

①数字媒体技术

数字媒体技术涵盖了多个方面，对于新闻传播有着重要意义。网页设计技能可以让新闻媒体打造具有吸引力的新闻网站。一个布局合理、界面美观、加载速度快的新闻网站能够吸引更多的读者。例如，一些知名新闻媒体的网站在设计上注重用户体验，采用简洁明了的导航栏、分类清晰的新闻版块，同时结合多媒体元素，如视频推荐、图片轮播等，提升网站的整体吸引力。

视频制作技术在新闻传播中的作用日益凸显。新闻短视频已经成为新媒体时代新闻传播的重要形式。学生通过学习视频制作技术，能够掌握拍摄技巧，如镜头的运用（特写、远景、中景等）、拍摄角度的选择、光线的控制等。在后期制作方面，能够进行视频剪辑、添加字幕、配音、特效制作等。制作出的新闻短视频可以在短视频平台上迅速传播，吸引大量用户的关注。

动画制作技术也为新闻传播提供了新的方式。对于一些抽象的概念、复杂的科学原理或者难以用实拍表现的历史事件，动画可以进行生动的诠释。例如，在报道气候变化时，可以制作动画来展示地球温度的变化趋势、海平面的上升过程等，让观众更容易理解新闻内容。

②社交媒体运营

社交媒体平台如微博、微信公众号等已经成为新闻传播的主战场。掌握社交媒体运营技能，首先要了解不同社交媒体平台的特点和用户群体。例如，微博以信息传播速度快、话题性强而著称，适合发布即时性新闻和热门话题讨论；微信则更注重社交关系的深度，适合进行深度报道和专题内容的传播。

在社交媒体上发布新闻需要掌握一定的技巧。要选择合适的时间发布，例如根据用户的活跃时间规律来确定发布时间，以提高新闻的曝光率。同时，要编写吸引人的标题和文案，配合合适的图片或视频，增加新闻的点击率。与读者互动也是社交媒体运营的重要环节。新闻发布者要及时回复读者的评论和私信，解答他们的疑问，听取他们的意见和建议。这样不仅可以提高读者的忠诚度，还可以从读者那里获取更多的新闻线索和素材。

话题营销是社交媒体运营的重要手段之一。通过策划和推动热门话题，可以吸引更多的用户关注新闻内容。例如，在报道一个重大的文化活动时，可以创建一个与之相关的话题标签，如“#某文化节#”，并鼓励用户使用这个标签发表自己的看法、分享自己的体验，从而扩大活动的影响力和新闻的传播范围。

③数据分析

在新媒体时代，新闻媒体每天都会产生大量的数据，包括网站的访问量、用户的浏览行为、社交媒体上的互动数据等。通过对这些数据的分析，新闻工作者可以深入了解读者的需求和兴趣。例如，通过分析网站的流量数据，可以知道哪些新闻文章最受欢迎，哪些页面的跳出率较高。对于受欢迎的文章，可以分析其成功的因素，如标题的吸引力、内容的结构等，以便在未来的新闻制作中借鉴。

数据分析还可以用于优化新闻内容和传播策略。例如，根据用户的地域数据，可以为不同地区的用户定制有针对性的新闻内容。如果发现某个地区的用户对科技新闻特别感兴趣，可以增加在该地区的科技新闻推送量。在传播策略方面，可以根据用户的活跃时间和平台偏好，选择合适的时间和平台进行新闻发布。此外，数据分析还可以帮助新闻媒体评估新闻报道的效果，如通过分析社交媒体上的分享、评论、点赞等数据，了解新闻在受众中的影响力，为改进新闻报道提供依据。

（3）新媒体技能与新闻传播教育融合的途径

①课程设置改革

在新闻教育的课程设置中，要增加新媒体技能相关的课程，并且要注重课程之间的融合。传统的新闻采写、编辑、评论等课程是新闻教育的基石，不能削弱。在此基础上，应增设如数字媒体技术基础课程，包括网页设计原理、视频音频编辑软件的使用等。

社交媒体营销课程可以教授学生如何利用社交媒体平台进行新闻推广、品牌建设和受众互动。课程内容可以包括社交媒体平台的运营策略、社交媒体广告投放、粉丝经济等方面的知识。数据分析课程则要涵盖数据收集、整理、分析的基本方法，以及如何将数据分析结果应用于新闻决策。

这些课程不能孤立存在，要注重综合性和实践性。例如，在数字媒体技术课程中，可以设置项目作业，要求学生制作一个包含多种媒体元素（文字、图片、视频、动画）的新闻作品，将新闻采写、编辑与多媒体制作技术相结合。在社交媒体营销课程中，可以让学生实际运营一个新闻媒体的社交媒体账号，进行一段时间的新闻发布、互动管理等实践操作，将理论知识与实践紧密结合起来。

②教学方法创新

案例教学是一种有效的教学方法。教师可以选择国内外成功的新媒体新闻案例进行分析。例如，通过分析《纽约时报》的数据新闻案例，让学生学习其如何收集数据、选择数据可视化的方式、如何构建新闻故事以及数据新闻的制作流程和技巧。对于社交媒体运营案例，可以选择一些在微博、微信等平台上运营成功的新闻媒体账号，分析其内容策略、互动策略、增长策略等。

项目驱动教学能够激发学生的学习积极性和创造力。教师可以根据课程内容设置项目任务，如让学生团队合作制作一个新媒体新闻专题。学生需要运用新闻采写、编辑、数字媒体技术、社交媒体运营等多方面的知识和技能。在项目实施过程中，教师要给予指导和监督，帮助学生解决遇到的问题，最后对项目成果进行评估和反馈。

除了传统的课堂教学外，教师还可以采用线上线下混合式教学模式。线上教学可以提供丰富的学习资源，如视频教程、在线案例库等，方便学生自主学习。线下教学则注重实践操作、小组讨论和教师的面对面指导，提高学生的实践能力和团队协作能力。

③加强实践教学环节

与新闻媒体机构或企业建立实习基地是加强实践教学的重要途径。新闻媒体机构可以为学生提供真实的新闻生产环境，让学生参与到新闻的采访、编辑、发布等各个环节。例如，学生在电视台实习时，可以参与到新闻节目的制作过程中，学习视频新闻的拍摄、剪辑、后期制作等技术，同时了解电视新闻的选题策划、编排等工作流程。

企业的新媒体运营部门也可以为学生提供实习机会，特别是在社交媒体运营、数字营销等方面。学生可以在企业中学习如何利用新媒体平台进行品牌推广、产品营销等，了解企业对新闻内容和传播效果的需求。此外，还可以组织学生参加社会实践活动，如新闻调查、社区报道等，让学生在实践中锻炼新闻敏感度和采访写作能力，同时将新媒体技能应用到实际的新闻报道中。

在实践教学中，要建立完善的评价体系。评价指标不仅要包括学生的实践成果，如新闻作品的质量、社交媒体账号的运营效果等，还要包括学生在实践过程中的表现，如团队协作能力、创新能力、解决问题的能力等。

④师资队伍建设

引进新媒体专业人才是提升师资队伍新媒体素养的直接方式。这些专业人才可以带来最新的新媒体技术知识、新媒体行业的实践经验和创新理念。他们可以在数字媒体技术、社交媒体运营、数据分析等课程中担任教学任务，为学生传授实用的技能。

组织教师参加培训也是提高教师新媒体素养和教学水平的重要举措。培训内容可以包括新媒体技术培训，如视频制作软件的更新培训、数据分析工具的使用培训等；新媒体教学方法培训，如案例教学、项目驱动教学的方法培训等；新媒体行业动态培训，让教师了解新媒体行业的最新发展趋势、市场需求等。

鼓励教师开展新媒体新闻实践和研究。教师可以通过运营社交媒体账号、制作新媒体新闻作品等方式，积累实践经验。在研究方面，可以开展新媒体环境下新闻传播规律、新媒体技术在新闻教育中的应用等方面的研究。将实践经验和研究成果融入教学中，可以提高教学内容的实用性和前沿性，更好地培养适应新媒体时代需求的新闻人才。

11.1.2 新闻伦理、法规与专业素养的培养

（1）新闻伦理教育的重要性及实施策略

①树立正确新闻价值观

新闻伦理教育的首要任务是引导学生树立正确的新闻价值观。在新媒体时代，信息的海量性和传播的便捷性容易导致新闻价值的混乱和扭曲。学生需要明确新闻的真正价值在于为公众提供真实、客观、准确的信息，促进社会的进步和发展。

②遵守职业道德规范

新闻职业道德规范是新闻从业者的行为准则，包括诚实、公正、独立、负责等原则。新闻伦理教育要让学生深入了解这些规范，并在实践中严格遵守。可以通过模拟新闻场景、角色扮演等方式，让学生亲身体验新闻职业道

德的重要性。同时，邀请资深新闻从业者分享他们在职业生涯中遇到的伦理困境及解决方法，为学生提供实际的借鉴。

③坚持真实、客观、公正原则

真实、客观、公正是新闻的生命线。在新媒体环境下，虚假信息、偏见报道和利益驱动的新闻层出不穷，严重损害了新闻的公信力。新闻伦理教育要强化学生对这一原则的认识，培养他们核实信息、客观分析和公正报道的能力。

（2）法规教育的必要性及方法途径

①了解新闻传播法律法规

新闻传播相关的法律法规是规范新闻行业的重要依据。学生需要了解新闻法、著作权法、广告法等法律法规，明确自己在新闻传播活动中的权利和义务。

开设专门的新闻法规课程，系统地讲解新闻传播法律法规的内容和适用范围。同时，结合实际案例进行分析，让学生深刻理解法律法规在新闻实践中的重要性。

②增强法律意识

法规教育不仅要让学生了解法律知识，更要增强他们的法律意识。学生应该认识到违法行为的后果，自觉遵守法律法规，维护新闻行业的良好秩序。

组织学生参观法庭、旁听侵权案件的审理，让他们亲身感受法律的威严。同时，通过举办法律讲座、知识竞赛等活动，提高学生的法律意识和法律素养。

③避免违法行为

在实践中，学生需要时刻保持警惕，避免违法行为的发生。这包括不侵犯他人的名誉权、隐私权、著作权等合法权益，不发布虚假信息和违法广告，不进行有偿新闻等。

建立新闻实践的监督机制，对学生的新闻作品进行审查，及时发现和纠正违法行为。同时，加强对学生的法律指导，让他们在遇到法律问题时能够及时寻求专业的法律援助。

（3）专业素养教育的内涵及培养方式

①新闻敏感性

新闻敏感性是新闻从业者发现新闻线索、判断新闻价值的重要能力。在新媒体环境下，信息的更新速度极快，学生需要具备敏锐的新闻嗅觉，能够及时发现有价值的新闻题材。

培养新闻敏感性可以通过阅读大量的新闻作品、关注社会热点问题、参与新闻实践等方式。同时，教师可以引导学生分析新闻事件的背景、趋势和影响，提高他们的新闻洞察力。

②批判性思维

批判性思维是新闻从业者对新闻事件进行深入分析、质疑和评价的能力。在新媒体时代，信息的真实性和可靠性受到挑战，学生需要具备批判性思维，能够辨别虚假信息、分析复杂问题、提出独立的观点。

在教学中，可以采用讨论式教学、案例分析等方法，鼓励学生对新闻事件进行多角度的思考和辩论。同时，引导学生阅读不同观点的新闻报道，培养他们的批判性思维能力。

③沟通能力

良好的沟通能力是新闻从业者与采访对象、读者和同事进行有效交流的关键。在新媒体环境下，新闻传播的互动性增强，学生需要具备良好的口头和书面沟通能力，才能够与不同的人群进行有效的沟通。

模拟采访、新闻发布会等实践活动可以提高学生的沟通能力。同时，加强对学生写作的能力训练，提高他们的文字表达能力和逻辑思维能力。

④团队合作精神

新闻工作往往需要团队合作，学生需要具备团队合作精神，能够与不同专业背景的人共同完成新闻任务。在教学中，可以组织学生进行团队项目，让他们在实践中学会分工合作、协调沟通、互相支持。同时，培养学生的团队意识和合作能力，提高他们的团队协作效率。

11.1.3 跨学科教育模式的探索与实践

（1）跨学科教育模式的必要性

第一，新闻传播不再局限于传统的新闻采编和发布，而是涉及社会的各个方面。例如，在报道社会热点问题时，需要运用社会学的理论和方法进行分析；在进行舆论引导时，需要了解心理学原理；在进行媒体管理时，需要掌握管理学知识。因此，跨学科教育能够使学生具备更广泛的知识背景，更好地适应新闻传播领域的发展需求。

第二，跨学科教育鼓励学生打破学科界限，进行跨学科的思考和创新。通过接触不同学科的知识，学生能够开拓思维，从不同角度策划选题，选择报道方式，培养创新能力。例如，将数据科学与新闻传播相结合，产生了数据新闻这一创新的新闻形式；将艺术设计与新闻传播相结合，创造出更具视觉冲击力的新闻作品。

第三，跨学科教育不仅能够拓宽学生的知识面，还能够培养学生的综合能力。例如，通过参与跨学科研究项目，学生可以提高团队合作能力、沟通能力、问题解决能力等。同时，跨学科教育还能培养学生的批判性思维和跨文化交流能力，使学生具备更高的综合素质。

（2）跨学科教育模式的实现方式

①开设跨学科课程

新闻教育机构可以开设一系列跨学科课程，将新闻传播与其他学科的知识有机结合起来。例如，开设新闻与社会学、新闻与心理学、新闻与管理学等课程，让学生了解不同学科的理论和方法，为他们在新闻实践中运用跨学科知识奠定基础。

在课程设置上，可以采用模块化的方式，将不同学科的内容整合到一个课程模块中。例如，在新闻与社会学课程中，可以设置社会调查方法、社会问题分析、社会运动报道等模块，让学生在学习新闻传播知识的同时，掌握社会学的研究方法和理论。

②组建跨学科教学团队

跨学科教育需要组建由不同学科教师组成的教学团队。这些教师可以来自新闻传播学院、社会学系、心理学系、管理学系等不同学科领域。教学团队成员可以共同制订教学计划、设计课程内容、开展教学活动，为学生提供跨学科的教学指导。

为了确保教学团队的有效运作，需要建立良好的沟通机制和合作机制。例如，可以定期召开教学研讨会，交流教学经验和教学问题；可以共同开展教学研究项目，探索跨学科教学的方法和模式。

③开展跨学科研究项目

新闻教育机构可以组织学生开展跨学科研究项目，让学生在实践中运用跨学科知识和方法解决实际问题。例如，开展新闻传播与社会发展、新闻传播与心理健康、新闻传播与企业管理等研究项目，让学生在项目中与来自不同学科的教师和学生合作，共同完成研究任务。

在开展跨学科研究项目时，需要注重项目的选题和设计。选题应该具有实际意义和研究价值，能够激发学生的兴趣和积极性。设计应该合理可行，能够充分发挥学生的跨学科知识和能力。同时，还需要为学生提供必要的研究资源和支持，确保项目的顺利进行。

（3）跨学科教育实践案例

①新闻与社会学跨学科课程

某大学新闻传播学院开设了新闻与社会学跨学科课程。该课程由新闻专业教师和社会学专业教师共同授课，课程内容包括新闻社会学概论、社会调查方法、社会问题报道等。学生在学习过程中，不仅掌握了新闻传播的基本知识和技能，还了解了社会学的理论和方法，能够运用社会学的视角分析新闻事件和社会现象。

②新闻传播与心理健康跨学科研究项目

某新闻教育机构组织学生开展了新闻传播与心理健康跨学科研究项目。该项目由新闻专业教师、心理学专业教师和学生共同参与，研究主题是新闻报道对公众心理健康的影响。学生在项目中，通过问卷调查、访谈等方法收集数据，并运用新闻传播和心理学的理论和方法进行分析，提出了一些有针对性的建议和措施，为新闻媒体更好地关注公众心理健康提供了参考。

11.2 新闻教育的未来发展与趋势

11.2.1 技术进步推动新闻教育的发展

第一，虚拟现实（VR）和增强现实（AR）技术能够为学生创造出逼真的新闻场景，让他们仿佛置身于新闻事件现场。这种沉浸式的学习体验可以极大地提高学生对新闻事件的理解和感受，激发他们的学习兴趣和创造力。例如，在报道重大自然灾害时，学生可以通过 VR 技术亲身体验灾区的情况，更好地理解灾害的影响和救援工作的重要性。在新闻制作课程中，学生可以利用 AR 技术将虚拟元素融入到现实场景中，制作出更加生动有趣的新闻作品。

第二，大数据分析技术可以收集和分析学生的学习数据，了解他们的学习习惯、兴趣爱好和知识掌握情况。教师可以根据这些数据为学生提供个性化的教学服务，满足不同学生的学习需求。例如，教师可以通过分析学生在在线学习平台上的学习行为，发现学生的薄弱环节，为他们提供有针对性的辅导和练习。同时，大数据分析还可以帮助教师评估教学效果，及时调整教学策略，提高教学质量。

11.2.2　职业发展、终身学习与教育模式创新

（1）新闻人才职业发展的多样化趋势

首先，随着新闻行业的不断发展，新闻人才的职业选择不再局限于传统的记者、编辑等岗位。如今，新闻人才可以在新媒体运营、数据分析、公关传播、内容策划等领域找到广阔的发展空间。其次，新闻行业的发展要求新闻人才具备跨领域的技能。除了扎实的新闻专业知识和技能外，新闻人才还需要掌握数据分析、社交媒体运营、视频制作、设计等方面的技能。例如，在数据新闻领域，新闻人才需要具备数据分析和可视化的能力，能够从大量的数据中挖掘出有价值的新闻线索，并通过可视化的方式呈现给受众。在新媒体时代，新闻人才还需要掌握社交媒体运营的技巧，能够有效地利用社交媒体平台传播新闻内容。

（2）树立终身学习理念，提升专业素养和综合能力

在快速发展的新闻行业中，新闻人才需要树立终身学习的理念，不断提升自己的专业素养和综合能力。随着技术的不断进步和新闻行业的不断发展，新闻人才需要不断学习新的知识和技能，以适应行业的发展需求。例如，随着人工智能技术在新闻行业的应用越来越广泛，新闻人才需要学习人工智能的相关知识和技能，了解其对新闻行业的影响和应用场景。同时，新闻人才还需要不断提升自己的跨文化交流能力和创新能力，以适应全球化的新闻传播环境。

新闻人才可以通过多种途径实现终身学习。可以参加在线课程、研讨会、学术会议等活动，不断更新自己的知识和技能。还可以阅读专业书籍、期刊和报纸，关注行业动态和最新研究成果。此外，新闻人才还可以与同行交流和合作，分享经验和见解，共同提高专业素养和综合能力。

（3）创新教育模式，采用灵活多样的教学方式

①在线教育和混合式教学

在线教育和混合式教学模式可以为学生提供更加便捷的学习方式，满足

不同学生的学习需求。在线教育可以让学生随时随地进行学习，不受时间和空间的限制。

混合式教学则将线上教学和线下教学相结合，充分发挥两种教学方式的优势。例如，学生可以通过在线课程学习理论知识，然后在课堂上进行实践操作和讨论交流。

②实践教学和项目合作

加强与行业的合作，开展实践教学和项目合作，可以提高学生的实践能力和职业竞争力。新闻教育机构可以与新闻媒体、企业等建立合作关系，为学生提供实习和项目合作的机会。

学生可以在实践中了解新闻行业的实际工作流程和职业需求，掌握实际操作技能。同时，通过项目合作，学生还可以锻炼团队合作能力和创新能力。

11.2.3 新闻教育的国际化

（1）新闻教育国际化的重要性

第一，国际化的新闻教育可以让学生接触到不同国家和地区的新闻理念、实践和文化，拓宽他们的视野。学生可以了解不同国家的新闻媒体在报道重大事件时的角度和方法，学习国际先进的新闻传播技术和手段。例如，通过与国外高校的学生交换项目，学生可以亲身体验不同国家的新闻教育和新闻实践，了解不同文化背景下的新闻价值观和职业道德规范。

第二，随着全球化的加速，新闻行业的竞争也日益激烈。具备国际竞争力的新闻人才不仅需要掌握扎实的专业知识和技能，还需要具备跨文化交流能力、国际视野和创新思维。国际化的新闻教育可以为学生提供培养这些能力的机会，使他们在未来的职业发展中更具竞争力。例如，引进国际先进的新闻课程和教材，可以让学生学习到国际前沿的新闻理论和实践知识。

（2）新闻教育国际化的路径

①开展国际交流与合作

与国外高校开展学生交换项目、教师互访项目，共同举办学术会议和研讨会等，是实现新闻教育国际化的重要途径。通过这些交流与合作，学生可以接触不同国家的新闻教育和新闻实践，教师可以了解国际先进的教学方法和研究成果，促进双方的教学和科研水平的提高。

例如，中国的一些高校与美国、英国、澳大利亚等国家的高校建立了长期的合作关系，开展学生交换项目和教师互访项目。学生可以在国外高校学习一段时间，了解不同国家的新闻教育和新闻实践；教师可以到国外高校进行访问和交流，学习国际先进的教学方法和研究成果。

②引进国际先进的教学资源和理念

引进国际先进的新闻课程和教材，借鉴国际先进的教学方法和评价体系，可以提高国内新闻教育的国际化水平。国际先进的新闻课程和教材可以为学生提供更广阔的知识视野和更深入的专业学习，国际先进的教学方法和评价体系可以提高教学质量和学生的学习效果。

例如，一些高校引进了美国、英国等国家的新闻课程和教材，采用案例教学、项目驱动教学等国际先进的教学方法，建立了多元化的评价体系，提高了教学质量和学生的学习效果。

③培养国际化的师资队伍

培养具有国际视野和跨文化交流能力的师资队伍，是实现新闻教育国际化的关键。国际化的师资队伍可以为学生提供国际化的教学服务，引导学生了解国际新闻行业的发展趋势和前沿技术，培养学生的国际竞争力。

例如，高校可以通过选派教师到国外高校进行访问和交流、参加国际学术会议和研讨会等方式，提高教师的国际视野和跨文化交流能力；还可以引进具有国际背景和经验的教师，为学生提供国际化的教学服务。

第12章　新闻传播案例研究与实践启示

12.1　案例：2021年河南暴雨事件

在2021年7月河南暴雨灾害事件中，新媒体平台迅速成为信息发布的重要渠道。各大新闻媒体的官方微博、微信公众号、客户端等在第一时间发布了暴雨预警信息、灾情动态以及救援进展等内容。例如，人民日报、央视新闻等媒体不断更新河南各地的降雨量、受灾情况以及救援队伍的行动情况。据统计，在灾害发生后的24小时内，人民日报官方微博关于河南暴雨的话题阅读量就超过了10亿次，充分显示了新媒体在信息传播方面的强大力量。

短视频平台如抖音、快手也发挥了重要作用。大量当地民众和救援人员通过短视频记录下了受灾现场的情况，如街道被淹、车辆被冲走、人员被困等，让外界能够直观地了解灾情的严重程度。这些短视频迅速在平台上传播开来，引起了全国人民的关注。许多网友通过评论和转发事件相关进展，为受灾地区加油打气，同时也为救援工作提供线索和建议。

新媒体平台在河南暴雨灾害事件中还起到了救援协调的作用。一些专业的救援组织和志愿者团队通过微博、微信等平台发布救援信息，包括救援队伍的联系方式、所需物资、救援地点等。同时，受灾地区的民众也可以通过新媒体平台发布求助信息，让救援力量能够更快速地找到他们。例如，在郑州地铁5号线被淹事件中，被困乘客通过手机向外界发出求助信息，这些信息在新媒体平台上迅速传播，引起救援队伍的高度重视，最终成功将被困人员救出。

社交媒体还成为社会动员的重要平台。众多明星、企业和普通民众通过微博、抖音等平台发起捐款捐物活动，为河南灾区筹集了大量的物资和资金。例如，腾讯公益、支付宝公益等平台在灾害发生后迅速上线了河南暴雨救灾专项募捐项目，吸引了数百万网友参与捐款。据不完全统计，仅在灾害发生后的一周内，通过新媒体平台筹集的善款就超过了数亿元，为灾区的救援和重建工作提供了有力的支持。

12.2　新媒体在公共危机管理中存在的问题

12.2.1　信息过载与筛选困难

在河南暴雨灾害事件中，新媒体平台上涌现出了大量的信息，包括灾情信息、救援信息、求助信息、捐款信息等。然而，信息的过载也给公众带来了困扰，使得他们难以从中获取准确有效的信息。例如，在微博上搜索“河南暴雨”，会出现数十万条相关信息，其中不乏重复、虚假或无关的内容。公众需要花费大量的时间和精力去筛选和辨别这些信息，这在一定程度上影响了他们对灾情的了解和应对。

此外，信息过载还可能导致信息的传播效率降低。当大量的信息同时涌来时，一些重要的信息可能会被淹没在其中，难以引起公众的关注。例如，一些关于偏远地区受灾情况和急需救援的信息，可能因为被其他信息所掩盖而无法及时传递给救援队伍，影响救援工作的及时性和有效性。

12.2.2　虚假信息与谣言传播

在公共危机事件中，虚假信息和谣言的传播往往会引发社会恐慌，给危机管理带来更大的困难。在河南暴雨灾害事件中，也出现了一些虚假信息和谣言，如“郑州水库决堤”“地铁内多人死亡”等。这些虚假信息在新媒体平台上迅速传播，引发公众的恐慌和不安。

虚假信息和谣言的传播主要有以下几个原因：一是部分网友在未经核实的情况下转发信息，导致虚假信息迅速扩散；二是一些别有用心的人故意制造和传播虚假信息，以达到某种目的；三是新媒体平台的信息审核机制不够完善，无法及时发现和处理虚假信息。例如，在灾害发生后的初期，一些自媒体为了吸引眼球，发布了一些未经证实的虚假信息，误导了公众。

12.2.3　信息不统一与协调困难

在河南暴雨灾害事件中，不同新媒体平台之间的信息存在不统一的情况，这也给危机管理带来了一定的影响。例如，一些救援信息在微博上发布后，可能没有及时同步到微信、抖音等其他平台上，导致部分救援力量和志愿者无法及时获取信息，影响了救援工作的协同性。

此外，不同新闻媒体和自媒体发布的信息也可能存在差异，这造成了公众的困惑。例如，对于某个受灾地区的灾情描述，不同的媒体可能会有不同的说法，公众难以判断哪个信息是准确的。这种信息不统一的情况也增加了危机管理的难度，需要政府部门和新媒体平台加强协调和整合，确保信息的一致性和准确性。

12.3 发挥新媒体在公共危机管理中积极作用的思考

12.3.1 加强信息审核与筛选

新闻媒体在公共危机管理中应承担信息审核和筛选的责任，确保发布的信息真实、准确、及时。一方面，要建立严格的信息审核机制，对发布的信息进行多渠道核实，避免虚假信息的传播。例如，在河南暴雨灾害事件中，一些主流媒体在发布信息前，会通过采访当地政府部门、救援队伍、受灾群众等多个渠道进行核实，确保信息的准确性。另一方面，要加强对信息的筛选和整理，为公众提供有价值的信息。例如，可以通过制作专题报道、信息汇总等方式，将分散的信息进行整合，方便公众获取。

新媒体平台也应加强自身的信息管理，完善信息审核机制。可以利用人工智能、大数据等技术手段，对发布的信息进行自动审核和筛选，及时发现和处理虚假信息。同时，要加强对用户的引导和管理，提高用户的信息素养，鼓励他们发布真实、有用的信息。例如，微博在河南暴雨灾害事件中，加强了对话题标签的管理，对一些虚假信息和谣言进行了及时清理，并通过发布公告、提醒等方式，引导用户正确使用平台。

12.3.2 加强合作与协同应对

新闻媒体应加强与政府部门、社会组织的合作，形成信息共享和协同应对的机制。在公共危机事件中，政府部门掌握着最权威的信息和资源，新闻媒体可以与政府部门建立信息沟通渠道，及时获取准确的信息，并将其传递给公众。同时，新闻媒体还可以与社会组织合作，共同开展救援和救助工作。例如，在河南暴雨灾害事件中，一些新闻媒体与当地的志愿者组织合作，发布了大量的救援信息和求助信息，为受灾群众提供了及时的帮助。

政府部门也应加强对新媒体平台的引导和管理，充分发挥新媒体在公共危机管理中的作用。可以通过建立官方新媒体账号、发布权威信息、回应公众关切等方式，提高政府信息的传播力和影响力。同时，要加强与新闻媒体和社会组织的合作，共同应对公共危机事件。例如，在河南暴雨灾害事件中，河南省政府通过官方微博、微信公众号等平台，及时发布了灾情信息、救援进展、交通管制等内容，为公众提供了准确的信息服务。

12.3.3　提高公众媒介素养

在新媒体时代，提高公众的媒介素养是营造良好信息环境的关键。公众应学会辨别虚假信息和谣言，不轻易相信和传播未经证实的信息。可以通过参加媒介素养培训、挑选专业的新闻媒体等方式，提高自己的信息辨别能力。例如，一些学校和社区可以组织开展媒介素养教育活动，向公众传授如何辨别虚假信息、如何正确使用新媒体等知识。

新闻媒体和新媒体平台也应承担起提高公众媒介素养的责任。可以通过制作科普文章、视频等方式，向公众普及媒介素养知识，引导公众正确使用新媒体。例如，在河南暴雨灾害事件中，一些新闻媒体制作了关于如何辨别虚假信息、如何在危机中正确使用新媒体等内容的科普文章和视频，受到了公众的广泛关注和好评。

第四篇　趋势与展望

第13章　新闻传播研究方法的创新与伦理

13.1　新闻传播研究方法的多样性与选择

13.1.1　定量与定性研究方法的结合与应用

（1）定量研究方法在新闻传播中的应用

①数据收集与统计分析

定量研究方法在新闻传播领域中注重数据的收集和统计分析，以此来揭示新闻传播现象背后的规律和特点。例如，在研究社交媒体对新闻传播的影响时，可以通过收集社交媒体平台上的相关数据来进行分析。以微博为例，研究人员可以利用微博提供的应用程序编程接口（API）接口或者第三方数据采集工具，收集特定时间段内关于某个热点新闻事件的发布量、转发量、评论量、点赞量等数据。通过对这些数据的统计分析，研究人员可以了解该新闻事件在微博上的传播范围、传播速度以及用户的参与度等情况。

在2022年北京冬奥会期间，研究人员对微博上关于冬奥会的相关话题进行了数据收集和分析。据统计，在冬奥会开幕式期间，相关话题总阅读量达到141亿，讨论博文共4172万条，微博用户互动次数为7737万。通过对这些数据的进一步分析，发现不同地区、不同年龄段的用户对冬奥会的关注焦点和参与方式存在一定的差异。比如，年轻用户更倾向于通过发布创意短视频和表情包来参与话题讨论，而年长用户则更多地通过文字评论表达对运动员的支持和对比赛的看法。

②揭示规律和特点

通过定量研究方法收集和分析大量数据，可以发现一些潜在的规律和特点。在新闻传播效果研究中，定量研究方法可以帮助研究人员确定不同因素对传播效果的影响程度。例如，研究广告在新闻媒体中的传播效果时，可以通过问卷调查的方式收集受众对广告的认知度、记忆度、态度等数据，并结合广告的投放频率、投放位置、广告内容等因素进行统计分析。研究发现，广告的投放位置对受众的认知度有显著影响，位于新闻页面顶部或中间位置的广告更容易被受众注意到，认知度相对较高；而广告内容的趣味性和相关性则对受众的记忆度和态度产生重要影响，有趣且与受众兴趣相关的广告更容易被记住，并且能引起受众更积极的态度。

又如，在研究媒体公信力时，可以通过大规模地发放调查问卷收集受众对不同媒体的信任程度评分，并分析媒体的报道准确性、客观性、独立性等因素与公信力之间的关系。定量研究结果可能显示，报道准确性高且客观公正的媒体往往具有较高的公信力，而频繁出现虚假报道或受商业利益干扰严重的媒体则公信力较低。这些规律和特点的发现为新闻媒体改进报道方式、提升传播效果和公信力提供了重要的依据。

（2）定性研究方法在新闻传播中的应用

①深入访谈、观察和文本分析

定性研究方法侧重于深入了解新闻传播现象的本质和意义。深入访谈是定性研究中常用的方法之一，通过与新闻从业者、受众等相关人员进行面对面的交流，可以获取他们对新闻传播现象的主观感受、经验和见解。例如，为了研究地方媒体在基层社会治理中的作用，研究人员可以对当地媒体的记者、编辑以及社区居民进行深入访谈。在访谈中，记者和编辑可能会分享他们在报道基层社会问题、推动社区发展等方面的实践经验和遇到的困难，而社区居民则可以表达他们对地方媒体报道的看法和需求，以及媒体报道对他们生活的影响。

观察法也是定性研究的重要手段。研究人员可以深入新闻机构、新闻发布会现场等场所进行实地观察，了解新闻生产的过程、记者与消息源的互动、新闻发布会上的信息传播方式等。例如，在观察一家电视台的新闻制作过程中，研究人员可以发现记者在选题策划、采访、编辑等环节中的工作方式和决策过程，以及电视台内部的组织架构和工作流程对新闻生产的影响。

文本分析则是对新闻文本进行深入解读，挖掘其中蕴含的意义、价值观和意识形态。研究人员可以对报纸文章、电视新闻报道、网络新闻评论等进行细致的文本分析。例如，对某一时期的主流媒体关于脱贫攻坚工作的报道进行文本分析，研究人员可以发现报道中所强调的主题、采用的叙事方式以及传达的价值观。通过对大量相关报道的分析，可能会发现媒体在脱贫攻坚报道中注重展现基层干部的奉献精神、贫困地区的巨大变化以及脱贫群众的励志故事，以传递积极向上的正能量和国家对脱贫攻坚工作的坚定决心。

②深入理解本质和意义

定性研究方法能够帮助我们深入理解新闻传播现象的本质和意义。通过深入访谈，我们可以了解新闻从业者在面对复杂的社会现实和职业压力时的内心世界和职业操守，以及他们对新闻使命的理解。例如，在采访一些调查记者时，他们可能会讲述调查真相时面临的困难，但仍然坚持追求真相。这种深入的了解有助于我们认识到新闻工作不仅仅是信息的传递，更是对社会正义的追求和维护。

观察法可以让我们直观地感受新闻传播活动在现实场景中的实际运作情况，揭示一些理论分析可能忽略的细节和问题。例如，在观察新闻发布会现场时，我们可以发现记者的提问方式、信息传递的方式以及现场气氛对信息传播效果的影响。这些观察结果可以帮助我们更好地理解新闻发布会作为一种信息传播渠道的特点和作用，以及如何优化信息传播效果。

文本分析则可以帮助我们解读新闻文本背后所蕴含的社会文化背景、意识形态和价值观。例如，对一些国际新闻报道的文本分析可以发现，不同国家的媒体在报道同一事件时可能会采用不同的叙事框架和角度，这反映了各国的利益诉求、文化价值观和国际关系等因素对新闻传播的影响。通过这种分析，我们可以更深入地理解新闻传播在塑造国际舆论、构建国家形象以及促进国际交流与合作中的重要作用。

（3）定量与定性研究方法的结合应用案例

①案例背景

以研究中国短视频平台对青少年价值观的影响为例。随着短视频平台的迅速崛起，青少年成为了其主要用户群体之一，因此研究短视频平台对青少年价值观的形成和发展具有重要的现实意义。

②定量研究阶段

首先，研究通过问卷调查收集大量数据。研究人员设计了一份涵盖青少年使用短视频平台的频率、时长、关注内容类型、对价值观的认知等方面的问卷，并在全国范围内选取了不同地区、不同年龄段的青少年进行调查。共发放问卷 5000 份，回收有效问卷 4500 份。

数据分析结果显示，大部分青少年每天都会使用短视频平台，平均使用时长在 1 — 2 小时之间。他们关注的内容类型主要包括娱乐、搞笑、知识科普、生活记录等。在价值观认知方面，通过对问卷中相关问题的统计分析，发现青少年对一些传统价值观如勤奋努力、诚实守信等仍然有较高的认同度，但也受到了短视频平台上一些流行文化和价值观的影响，如追求个性、注重外表等。

③定性研究阶段

在定量研究的基础上，选取部分具有代表性的青少年进行深入访谈。访谈内容围绕他们在短视频平台上的具体体验、对某些热门短视频内容的看法、以及这些内容对他们价值观的影响等方面展开。同时，观察他们在使用短视频平台时的行为表现和互动方式。

通过深入访谈和观察发现，一些青少年表示短视频平台上的一些正能量内容如励志故事、公益广告等对他们有激励作用，使他们更加坚定自己的理想和目标。然而，也有部分青少年提到一些不良内容如低俗搞笑、拜金主义等可能会对他们的价值观产生误导。例如，一些青少年在观看了一些炫耀奢侈品和高消费生活的短视频后，会产生攀比和拜金心理。

此外，对短视频平台上的热门视频进行文本分析。研究人员选取了一些点赞量和评论量较高的视频，分析其内容主题、叙事方式、价值取向等。发现一些热门视频通过夸张的表演、情绪化的表达等手段吸引用户关注，但在价值观传递上存在一定的片面性和误导性。例如，一些搞笑视频为了追求笑点而忽视了对道德和文明的倡导，一些情感类视频可能过度渲染负面情绪，影响青少年的心理健康和价值观判断。

④结合分析与研究结果

将定量研究和定性研究的结果相结合进行深入分析，发现短视频平台对青少年价值观的影响具有复杂性和多样性。一方面，短视频平台为青少年提供了丰富的信息和多样的价值观展示，在一定程度上拓宽了他们的视野，激发了他们的创造力和个性发展。另一方面，由于平台上内容质量参差不齐，一些不良内容可能会对青少年的价值观形成产生负面影响。

综合研究结果提出建议。新闻传播研究者和相关部门应加强对短视频平台的监管和引导，推动平台建立更加严格的内容审核机制，鼓励创作者生产更多积极健康、富有教育意义的内容。同时，学校和家庭也应加强对青少年的媒介素养教育，引导他们正确看待和使用短视频平台，提高他们对不良信息的辨别能力和自我保护意识，促进青少年在新媒体环境下健康成长。

13.1.2　跨学科方法在新闻传播中的应用

（1）借鉴其他学科理论和方法

跨学科方法为新闻传播研究带来了新的视角和方法，通过借鉴其他学科的理论和方法，可以拓展新闻传播研究的视野和深度。例如，在研究社交媒体上的信息传播和用户行为时，可以借鉴心理学中的认知理论和行为主义理论。

从认知理论的角度来看，研究人员可以分析用户在社交媒体上对信息的认知过程，包括信息的获取、理解、记忆和评价等环节。例如，用户在浏览微博时，对于不同类型的信息（如新闻、娱乐、科普等）会有不同的认知方式和关注重点。通过心理学实验和数据分析发现，用户对于简洁明了、具有视觉冲击力的信息更容易产生认知和记忆。因此，微博上一些以图片、短视频为主的信息往往能够获得更高的关注度和传播量。据微博官方数据统计，带有图片或视频的微博内容的平均阅读量比纯文字内容高出 30% — 50%。

行为主义理论则可以帮助研究人员理解用户在社交媒体上的行为动机和行为模式。例如，用户为什么会转发、评论某些信息，以及他们的行为如何受到社交媒体平台的激励机制（如点赞数、粉丝数、评论互动等）的影响。研究发现，用户在社交媒体上的行为往往受到社交认同和自我表达的驱动。当他们看到一条信息能够引起他人的关注和共鸣时，更有可能进行转发和评论，以获得社交认可和满足自我表达的需求。一些社交媒体平台推出的“热门话题”“榜单”等功能，也会引导用户参与特定的话题讨论，从而形成特定的信息传播模式。

（2）拓展研究视野与深度

借鉴心理学理论和方法进行新闻传播研究，不仅可以更深入地理解用户在社交媒体上的行为和心理机制，还可以为社交媒体平台的运营和管理提供有针对性的建议。例如，基于对用户认知和行为模式的研究，社交媒体平台可以优化信息推荐算法，提高信息传播的精准度和效果。同时，也可以通过设计合理的激励机制和互动功能，引导用户积极参与健康、有益的信息传播和交流，营造良好的网络舆论环境。

此外，还可以借鉴社会学、经济学、计算机科学等其他学科的理论和方法。社会学中的社会网络分析方法可以用于研究新闻在社交媒体上的传播路径和影响力扩散模式；经济学中的博弈论可以用来分析媒体市场竞争中的策略选择和利益关系；计算机科学中的数据挖掘和机器学习技术可以帮助研究人员更高效地处理和分析海量的新闻传播数据。通过跨学科方法的应用，新闻传播研究能够突破传统学科界限，融合多学科的优势，为解决复杂的新闻传播问题提供更全面、深入的理论支持和实践指导。

（3）研究方法的选择依据

①研究对象的特点

不同的研究对象具有不同的特点，需要选择合适的方法来进行研究。如果研究对象关注的是某个具体事件或现象的详细过程和内在机制，案例研究方法可能更为合适。例如，要研究“某地方电视台民生新闻节目的制作与传播策略”，通过对该电视台具体的民生新闻节目制作流程、选题策划、采访报道方式以及与观众的互动等方面进行深入的案例研究，可以全面了解该节目在当地的传播效果和社会影响力，以及其成功或不足之处，为其他地方电视台的民生新闻节目制作提供借鉴。

如果研究的问题较为复杂，需要综合运用多学科的知识和方法来解决，跨学科方法就是一个很好的选择。例如，研究“人工智能技术对新闻生产和传播的影响”，这不仅涉及新闻传播学领域的内容创作、传播模式等问题，还涉及计算机科学中的人工智能算法、技术应用，以及社会学中人类行为变化等方面。因此，运用跨学科方法可以整合多个学科的理论和方法，才能全面、深入地研究这一问题。

②研究目的

研究目的也会影响研究方法的选择。如果研究目的是深入理解某个新闻传播现象的本质和意义，定性研究方法（如案例研究中的深入访谈、观察和文本分析等）可能更适合。例如，要研究“网络舆论对社会热点事件的影响机制”，通过对网络舆论的形成过程、参与者的观点表达、舆论的演变趋势等进行定性分析，可以深入挖掘网络舆论背后的社会心理、价值观念等因素，从而更好地理解其对社会热点事件的影响机制。

如果研究目的是获取大量的数据进行量化分析，以揭示新闻传播现象的普遍性规律和趋势，定量研究方法（如问卷调查、数据分析等）则更为常用。比如，研究“不同年龄段受众对新闻媒体的使用习惯和偏好”，通过设计问卷并对不同年龄段的受众进行大规模调查，收集数据并进行统计分析，可以得出不同年龄段受众在新闻媒体选择、使用时间、关注内容类型等方面的量化特征和规律，为媒体的内容制作和市场定位提供数据支持。

如果研究目的是提出创新性的理论或解决方案，可能需要综合运用多种研究方法。例如，在研究“新媒体环境下新闻传播教育的改革与创新”时，既可以通过案例研究分析国内外一些成功的新闻传播教育改革案例，又可以通过问卷调查了解当前新闻传播专业学生和教师对教育改革的需求和看法，还可以借鉴教育学、心理学等学科的理论，探讨适合新媒体环境的教学方法和课程设置。运用多种研究方法能够更全面地了解问题，为提出创新性的新闻传播教育改革方案提供有力的依据。

13.2　案例分析方法与研究视角的拓展

13.2.1　案例选择的标准、依据与多样性

（1）案例选择的标准和依据

①代表性与典型性

案例应能够深刻反映新闻传播领域的核心问题和普遍趋势，具有示范意义和借鉴价值。在当前数字化、智能化的新闻传播环境下，一个具有代表性的案例能够为我们揭示行业发展的规律和方向。例如，人民日报社的“中央厨房”模式是传统媒体转型的典型案例。自 2016 年启动以来，“中央厨房”整合了人民日报社内部的采编资源，实现了一次采集、多种生成、多元传播的全新新闻生产流程。

据人民日报社公布的数据，“中央厨房”运行后，其新闻稿件的传播范围

大幅扩大，在社交媒体平台上的分享量和阅读量显著增加。例如，在一些重大主题报道中，相关报道的微博话题阅读量常常能突破数亿次，充分展示了其在融合传播方面的成效，为其他传统媒体的转型提供了宝贵的经验和借鉴。

②时效性

关注当下新闻传播领域的热点和焦点问题，确保案例具有现实意义和研究价值。随着技术的快速发展和社会环境的变化，新闻传播领域不断涌现新的现象和问题。选择具有时效性的案例，能够让我们及时把握行业动态，深入研究最新的传播策略和技术应用。

③多样性

涵盖不同类型的新闻媒体、传播渠道和新闻事件，以全面展示新闻传播领域的多元性和复杂性。不同类型的媒体在传播特点、受众群体、运营模式等方面存在差异，研究多种类型的案例能够帮助我们更全面地理解新闻传播的生态系统。

例如，在传统媒体方面，我们可以以央视新闻为例。央视新闻作为国家级主流媒体，在新闻报道的权威性和专业性方面具有突出优势。它通过电视、网站、客户端等多种渠道进行新闻传播，在重大事件报道、国际新闻传播等方面发挥着重要作用。

在新媒体领域，字节跳动旗下的今日头条是一个典型案例。今日头条依靠算法推荐技术，实现了个性化内容推荐，吸引了大量用户。它涵盖了文字、图片、视频等多种形式的新闻内容，传播渠道广泛，包括手机客户端、社交媒体平台等。通过研究这两个不同类型媒体的案例，我们可以对比分析传统媒体和新媒体在内容生产、传播方式、用户互动等方面的特点和差异。

（2）研究视角拓展

①传统媒体与新媒体融合发展

研究传统媒体如何借助新媒体技术和平台实现转型和创新，以及新媒体如何与传统媒体优势互补，形成融合发展的新模式。除了人民日报社的“中央厨房”模式外，新华社也在积极探索媒体融合发展。新华社推出了“媒体大脑”项目，利用人工智能技术实现新闻生产的智能化。

例如，在2018年俄罗斯世界杯报道中，“媒体大脑”通过对海量比赛数据的分析和处理，自动生成了许多新闻稿件，包括赛事报道、数据分析、运动员特写等内容，大大提高了新闻生产的效率和质量。据统计，在这届世界杯期间，新华社通过“媒体大脑”生成的相关新闻稿件在各大新媒体平台上的总阅读量超过数十亿次，展示了传统媒体与新媒体融合在重大体育赛事报道中的巨大潜力。

②国际新闻传播

分析在全球化背景下，新闻媒体如何跨越文化差异，进行有效的国际传播，提升国家形象和文化软实力。中国国际电视台（CGTN）是中国进行国际新闻传播的重要平台之一。它通过多语种频道和新媒体平台，向全球观众传播中国的声音和故事。据 CGTN 提供的数据，其在海外的收视率和社交媒体粉丝量不断增长，一些重点报道在国际社交媒体平台上的互动量也非常可观，表明其在国际新闻传播中的影响力逐渐提升，为中国的国际传播策略提供了有益的实践经验。

③公共危机事件中的新闻传播

探讨在公共危机事件中，新闻媒体如何发挥信息传播、舆论引导和社会动员等作用，以及应对危机传播中的各种挑战。

在 2021 年河南暴雨灾害期间，河南广播电视台通过电视、广播和新媒体平台，实时报道灾情和救援进展，发布求助信息和避险知识。同时，它还组织了一系列线上线下的公益活动，如募捐、志愿者招募等，为灾区群众提供帮助。通过这个案例，我们可以看到在公共危机事件中，传统媒体和新媒体如何协同作战，共同发挥在危机管理中的作用，以及如何在保障信息准确传播的同时凝聚社会力量，共同应对危机。

在进行新闻传播案例分析时，要严格按照代表性、典型性、时效性和多样性的标准选择案例，并从不同的研究视角进行深入分析，以全面理解新闻传播领域的发展变化和内在规律，为行业的发展提供理论支持和实践指导。

13.2.2　案例分析框架的构建与应用策略

（1）案例分析框架的构建

①案例背景

全面阐述案例发生的宏观和微观环境，包括社会、经济、文化、技术等方面的因素，以及案例所涉及的行业、组织或个体的基本情况。例如，在分析腾讯新闻在算法推荐应用于新闻传播的案例时，背景部分需要提及当前数字化时代信息爆炸的社会环境，人们对个性化信息获取的需求增长。同时，要介绍腾讯新闻在新闻行业中的地位、用户规模、技术实力等基本情况，以及算法技术在新闻领域逐渐普及的行业趋势。

②问题提出

明确指出案例中需要研究和解决的核心问题或挑战。对于腾讯新闻的案例，问题可能包括如何确保算法推荐的准确性和公正性，避免算法偏见导致的信息茧房问题；如何在满足用户个性化需求的同时，兼顾新闻的多样性和公共价值；如何应对算法可能带来的用户隐私泄露等风险。

③分析方法

说明采用的具体分析方法，如定性分析（如问卷调查、访谈、文本分析、案例研究等）、定量分析（如数据分析、实验研究等）或两者结合。在腾讯新闻案例中，可以结合使用多种方法。例如，通过对腾讯新闻用户的问卷调查和数据分析，了解用户对算法推荐的满意度、使用习惯以及信息获取的多样性情况；对腾讯新闻的算法工程师进行访谈，深入了解算法的设计原理和优化策略；对腾讯新闻平台上的新闻内容进行文本分析，研究算法推荐的内容特征和主题分布。

④解决方案

阐述案例中针对提出的问题所采取的具体措施和策略。腾讯新闻可能采取的解决方案包括不断优化算法模型，引入更多元的数据维度来提高推荐准确性；建立算法审核机制，定期评估算法的公正性和偏见情况；加强用户隐私保护，采用加密技术和严格的数据管理政策；开展用户教育，引导用户正确理解和使用算法推荐功能，鼓励用户主动探索多样化的新闻内容等。

⑤启示总结

从案例分析中提炼出具有普遍性和指导性的启示和经验教训。对于腾讯新闻案例，启示可能包括新闻媒体在应用新技术时要注重技术伦理和社会责任，平衡好技术创新与用户权益、社会公共利益的关系；持续关注用户需求和反馈，不断优化产品和服务；加强行业自律和合作，共同应对新技术带来的挑战，推动新闻传播行业的健康发展等。

（2）案例分析框架的应用策略

①灵活调整框架内容

根据案例的具体特点和研究目的，对案例分析框架的各个部分进行适当的调整和侧重点的选择。例如，在分析一个小型地方新闻媒体在新媒体环境下的转型案例时，由于其资源和影响力相对有限，案例背景部分可能侧重于当地的社会经济文化特点以及该媒体所面临的具体困境，如本地市场竞争激烈、资金和技术人才短缺等。问题提出可能聚焦于如何在有限资源下提升新闻传播效果、拓展用户群体和实现可持续发展。分析方法可以更多地依赖定性研究，如对当地受众的访谈、对媒体内部运营的深入观察等，以深入了解其独特的发展路径和问题解决方案。

②定性与定量分析相结合

在案例分析中充分发挥定性和定量分析的优势，相互补充。以分析字节跳动旗下的抖音在短视频新闻传播中的案例为例，定量分析方面，可以通过平台提供的数据，分析抖音上新闻类短视频的播放量、点赞数、评论数、分享数等指标，了解不同类型新闻短视频的传播效果和用户互动情况；对用户的行为数据进行分析，如用户的观看时长、观看频率、地域分布等，以洞察用户的兴趣偏好和行为模式。定性分析则可以通过对热门新闻短视频的内容分析，了解其叙事方式、表现手法和情感倾向；对用户的评论进行文本分析，挖掘用户对新闻短视频的看法和情感反馈；对一些抖音创作者进行访谈，了解他们的创作思路和经验。不同方法的结合，能够更全面、深入地理解抖音在短视频新闻传播中的特点和规律。

③对比分析不同案例

选取具有相似性或差异性的多个案例进行对比分析，以总结出普遍适用的规律和策略。例如，对比分析人民日报和澎湃新闻在新媒体转型中的案例。两者都是具有影响力的新闻媒体，但在转型路径和策略上有所不同。人民日报在新媒体建设中，充分发挥其品牌优势和资源整合能力，打造了涵盖多个平台的全媒体传播矩阵。澎湃新闻则更注重内容的深度和专业性，在保持原创新闻优势的基础上，积极拓展新媒体渠道，通过创新的报道形式和互动方式吸引用户。对比分析可以发现它们在新媒体转型中的共性经验，如重视技术应用、加强用户互动、打造品牌特色等；也能看出不同媒体根据自身定位和资源优势所采取的差异化策略，为其他新闻媒体的转型提供更丰富的参考和借鉴。

13.2.3 案例研究的实践启示

（1）传播策略：案例研究助力精准选择

首先，在当今多元化的媒体环境下，新闻媒体拥有众多传播渠道可供选择，包括传统的电视、报纸、广播，以及新兴的网络媒体、社交媒体平台等。通过对新闻传播案例的研究，媒体能够清晰地了解不同传播渠道在传播效果上的差异。虽然电视报道仍然是重要的传播方式，但在互动性和传播速度方面，新媒体平台展现出了明显的优势。通过对不同平台数据的分析，媒体可以更加明确不同传播渠道的特点和效果，在后续的新闻传播中能够更加精准地根据新闻内容和目标受众选择合适的传播渠道，实现传播效果的最大化。其次，案例研究还能帮助新闻媒体了解各种传播策略的实际效果，从而对其进行优化。

（2）模式创新：案例激发探索新路径

①新闻传播模式创新

随着技术的不断发展和社会环境的变化，新闻传播模式也在不断创新。案例研究为新闻媒体提供了丰富的创新思路和实践经验。以澎湃新闻为例，它在新闻传播模式上进行了大胆创新，采用了“新闻 + 追问 + 互动”的模式。在报道新闻事件时，不仅关注事件的进展，还深入挖掘事件背后的原因和影响，并通过设置追问环节，引导读者参与讨论和思考。同时，利用其客户端的互动功能，鼓励读者提供线索、发表观点和评论，增强读者与媒体之间的互动。这种创新模式使得澎湃新闻在众多新闻媒体中脱颖而出，吸引了大量忠实用户。澎湃新闻的数据显示，其客户端的日活跃用户数在采用创新模式后持续增长，用户的平均停留时间也有所延长。例如，在一些重大社会事件的报道中，读者的参与度非常高，相关文章的评论数和点赞数都远超传统新闻报道。通过对这些案例的研究，其他新闻媒体可以借鉴其创新经验，结合自身特点，探索适合自己的新闻传播模式，推动整个行业的创新发展。

②业务模式创新

除了传播模式，新闻媒体的业务模式也在不断创新以适应市场变化。字节跳动旗下的今日头条通过算法推荐技术，实现了个性化内容推荐，开创了一种新的业务模式。它根据用户的兴趣爱好、浏览历史等数据，为用户精准推送感兴趣的新闻内容，提高了用户的满意度和黏性。同时，今日头条还通过广告投放、内容付费等多种方式实现盈利。这种基于技术创新的业务模式为新闻行业带来了新的发展机遇。据相关数据显示，今日头条的广告收入在近年来持续增长，成为了其主要盈利来源之一。此外，其内容付费业务也逐渐兴起，一些优质的新闻内容和专栏吸引了用户付费订阅。通过对今日头条业务模式创新的案例研究，其他新闻媒体可以学习如何利用技术手段拓展业务领域，实现多元化发展，提高自身的竞争力和可持续发展能力。

13.3　新媒体环境下研究方法的创新路径

13.3.1　大数据分析在新闻传播研究的深化应用

（1）大数据分析为新闻传播研究带来的变革

在当今数字化时代，大数据分析已成为新闻传播研究领域中一股强大的变革力量。它突破了传统研究方法在数据规模和处理能力上的限制，为研究者提供了全新的方法和手段，使深入探究新闻传播的内在规律和趋势成为可能。

传统的新闻传播研究往往依赖有限的样本调查和人工分析，难以全面、准确地把握复杂多变的新闻传播现象。而大数据分析则能够处理海量的新闻数据和用户行为数据，这些数据来源广泛，包括新闻网站、社交媒体平台、移动应用等。通过对这些大规模数据的挖掘和分析，研究者可以获得更全面、客观的信息，从而揭示以往难以察觉的新闻传播规律和趋势。

（2）大数据分析在新媒体环境下的具体应用

①新闻内容分析

在新媒体环境下，新闻内容的生产和传播速度极快，热点话题层出不穷。大数据分析可以通过对新闻标题、关键词等信息的分析，及时捕捉热点和趋势。

例如，微博作为重要的社交媒体平台，是新闻传播和话题讨论的重要场所。利用大数据分析工具，可以对微博平台上的话题进行实时监测和分析。例如，在 2022 年北京冬奥会期间，通过对微博上与冬奥会相关话题的分析，发现“谷爱凌夺冠”“苏翊鸣摘金”等话题成为热门话题，在比赛期间的热度持续攀升。通过对话题相关数据进行深入分析，包括发布时间、发布者地域分布、评论内容情感倾向等，可以了解公众对这些话题的关注焦点和情感态度。微博官方数据显示，“谷爱凌夺冠”话题在比赛当天的微博热搜榜上排名第一，相关微博的阅读量在短时间内突破数十亿次，评论量达到数百万条。其中，大部分评论表达了对运动员的祝贺和赞美之情，同时也引发了关于体育精神、家庭教育等方面的广泛讨论。通过大数据分析，新闻媒体可以及时跟进热点事件，深入挖掘话题背后的故事和意义，为公众提供更丰富、多元的新闻内容。

②用户行为分析

第一，新媒体平台积累了大量用户的行为数据，如浏览记录、点赞、评论、分享等。通过对这些数据的分析，研究者可以深入了解用户的兴趣和需求。以腾讯新闻为例，它通过对用户在其平台上的行为数据进行分析，发现不同用户群体对新闻内容的偏好存在差异。年轻用户更关注娱乐、科技、时尚等领域的新闻，而中年用户则对时政、经济、健康等内容更感兴趣。根据这些分析结果，腾讯新闻可以为不同用户群体精准推送个性化的新闻内容。据腾讯新闻的数据统计，实施个性化推荐后，用户的点击率和留存率都有了显著提高。

第二，基于用户行为数据的分析，还可以构建用户画像，为新闻传播和市场营销提供更精准的目标定位。例如，网易新闻通过对用户的行为数据进行分析，包括用户的年龄、性别、职业、兴趣爱好、消费习惯等信息，构建了详细的用户画像。根据用户画像，网易新闻可以将用户分为不同的细分群体，如“科技爱好者”“体育迷”“时尚达人”等。对于广告商来说，这些用户画像可以帮助他们更精准地投放广告。比如，一家运动品牌在网易新闻上投放广告时，可以选择针对“体育迷”这一细分群体进行定向投放，提高广告的效果和转化率。网易新闻的广告效果监测数据显示，通过精准投放广告，广告的点击率提高了 50% 以上，转化率也有了明显提升，为广告商带来了更好的营销效果。

③传播效果评估

大数据分析为新闻传播效果的评估提供了更科学、客观的方法。通过对新闻传播过程中的各种数据进行分析，可以全面评估新闻的影响力和传播效果。以央视新闻的新媒体账号为例，一篇重要的新闻报道发布后，分析该报道在各大平台上的阅读量、点赞数、评论数、转发数等数据，可以评估其传播效果。2023 年，央视新闻在微博、微信、抖音等平台上同时发布一篇关于国家重大政策解读的报道。通过对这些平台上的数据统计分析发现，该报道在发布后的 24 小时内，微博上的阅读量达到数千万次，点赞数超过百万，评论数达到数万条；微信上的阅读量也突破了数百万次，转发量达到数十万次；抖音上的视频播放量更是高达数亿次，点赞数超过千万。通过对这些数据的综合分析，可以看出该报道在短时间内获得了广泛的关注和传播，影响力较大，传播效果良好。

（3）大数据分析在新闻传播研究中的优势与挑战

①优势

全面性和准确性。大数据能够涵盖大量的新闻数据和用户行为数据，避免传统研究方法中样本选择的偏差，从而提供更全面、准确的研究结果。

实时性。大数据可以实时收集和分析数据，及时捕捉新闻传播的动态变化和热点话题，为新闻媒体的快速决策提供支持。

个性化服务。基于对用户行为的深入分析，能够实现个性化的新闻推荐和服务，提高用户体验和满意度。

②挑战

数据质量和隐私问题。大数据中可能存在数据不准确、不完整或虚假的情况，需要进行有效的数据清洗和验证。因此，在收集和使用用户数据时，必须严格遵守法律法规，保护用户隐私。

技术和人才需求。大数据分析需要先进的技术工具和专业的数据分析人才，这对新闻传播机构和研究者提出了较高的要求。

数据分析方法和理论的创新。大数据的特点要求我们不断创新数据分析方法和理论，以更好地挖掘数据中的价值和规律。

13.3.2　网络分析与社会网络分析

（1）网络与社会网络分析重要性的体现

①全面理解传播现象

网络分析和社会网络分析为新闻传播研究提供了全新的视角和方法。在新闻传播领域，信息的流动不再是简单的线性传播，而是在复杂的网络中进行。通过对新闻传播网络的分析，我们可以清晰地看到信息是如何在不同的节点（如媒体机构、记者、自媒体人、受众等）之间传递、扩散的，从而更全面地理解新闻传播的过程和机制。例如，在一些重大新闻事件的传播过程中，不同媒体之间的转载、引用关系，以及受众在社交媒体上的分享、讨论行为，共同构成了一个复杂的新闻传播网络。通过对这个网络的分析，能够深入了解新闻是如何从最初的发布源逐渐扩散到更广泛的受众群体中的。

②洞察用户行为和影响因素

用户社交网络是新闻传播的重要渠道和载体。社会网络分析可以帮助研究者深入了解用户在社交网络中的信息传播行为，包括用户如何获取新闻、如何分享新闻、对不同类型新闻的偏好等。同时，还可以分析影响用户信息传播行为的因素，如用户的社交关系、兴趣爱好、社会地位等。这些信息对于新闻媒体制定针对性的传播策略具有重要的指导意义。例如，如果一家新闻媒体发现其目标受众在某个特定的社交网络平台活跃度较高，且该平台的用户更倾向于分享具有视觉冲击力的新闻，那么该媒体就可以在内容制作和传播渠道选择上进行相应的调整。

（2）网络与社会网络分析在新媒体环境下的应用

①社交媒体传播方面

第一，社交媒体上的话题传播速度极快，且具有很强的影响力。通过对社交媒体上的话题传播网络进行分析，可以了解话题的传播路径、传播范围以及影响力的大小。

第二，用户在社交媒体上的社交关系对新闻的传播也有着重要的影响。例如，在微信朋友圈中，用户更倾向于相信和分享来自自己熟悉的人发布的信息。通过对用户社交网络的分析，可以了解用户之间的社交关系强度、社交圈子的特点等，从而更好地理解新闻在社交网络中的传播规律。相关研究表明，在微信朋友圈中，好友之间的互动频率越高，信息的传播效果越好。因此，新闻媒体可以通过与用户建立良好的互动关系，提高新闻的传播效果。

②在线新闻传播方面

第一，对于在线新闻网站来说，网站内部的链接结构以及与其他网站的链接关系也构成了一个网络。通过对新闻网站的链接分析，我们可以了解不同新闻页面之间的关联程度、用户的浏览路径等。例如，一些新闻网站会在相关新闻的页面上设置推荐链接，引导用户浏览其他相关的新闻。通过对这些链接的分析，可以了解用户对不同类型新闻的关联需求，从而优化网站的内容布局和推荐算法。

第二，在线新闻传播不仅仅是新闻的发布和浏览，还包括用户与新闻网站的互动，如评论、点赞、分享等。通过对用户与新闻网站的互动行为进行分析，我们可以了解用户对新闻的态度和看法，以及新闻的传播效果。例如，在一些新闻网站上，用户对一些具有争议性的新闻话题的评论和讨论非常激烈，这些互动行为不仅反映了用户对新闻的关注程度，也在一定程度上影响了新闻的传播范围和影响力。新闻媒体可以根据用户的互动行为，及时调整新闻报道的角度和内容，提高新闻的质量和传播效果。

13.4　研究方法的伦理规范与学术责任

13.4.1　研究伦理的重要性、原则与挑战

（1）研究伦理的重要性及原则

① 保护研究对象的权益和尊严

在新闻传播研究中，研究对象可能包括新闻从业者、媒体机构、受众以及相关的社会群体等。他们的权益和尊严应得到充分的尊重和保护。例如，在进行一项关于记者工作压力的研究时，如果研究者没有遵循适当的伦理规范，可能会通过过度侵扰的方式收集数据，如频繁地在记者工作期间进行长时间的访谈，影响其正常工作和生活，这就侵犯了记者的权益。保护研究对象的权益和尊严不仅是道德要求，也是确保研究能够顺利进行的重要因素。如果研究对象感到自己的权益受到侵害，他们可能会拒绝参与研究或提供不准确的信息，从而影响研究的质量和可信度。

②确保研究的科学性和可靠性

研究伦理与研究的科学性和可靠性密切相关。遵循伦理原则可以保证研究数据的真实性和有效性。例如，在进行问卷调查时，如果研究者没有向被调查者充分说明研究目的和用途，或者以欺骗的方式获取信息，被调查者可能会提供不真实的回答，导致数据失真。这样得出的研究结果将无法准确反映实际情况，从而影响研究的科学性。同时，遵循伦理规范还可以提高研究的可重复性和可验证性。其他研究者在进行类似研究时，如果能够确保遵循相同的伦理标准，就可以更准确地验证和扩展原有的研究成果，促进学术的积累和发展。

③研究伦理的原则

第一，尊重研究对象的自主权：研究对象有权自主决定是否参与研究，以及在研究过程中是否继续参与。研究者应在研究开始前，向研究对象阐明研究的目的、方法、过程、可能的风险和收益等信息，让研究对象在知情的基础上自愿地做出选择。例如，在进行一项关于社交媒体用户行为的研究时，研究者需要在问卷开头或访谈开始前，详细向用户说明研究的相关情况，并获得用户的明确同意。如果用户在研究过程中想要退出，研究者应尊重其意愿，并妥善处理收集到的数据。

第二，研究者在收集和处理数据时，应采取必要的措施确保研究对象的个人信息不被泄露。例如，在研究网络舆论时，可能会收集到用户的评论内容和账号信息等。研究者需要对这些数据进行匿名化处理，去除能够直接识别个人身份的信息，如姓名、身份证号、手机号等。同时，在数据存储和传输过程中，也应采用安全的方式，防止数据被非法获取。在 2020 年，某高校进行的一项关于网络社区用户行为的研究中，由于数据存储服务器的安全漏洞，导致部分用户的个人信息被泄露，引起了用户的不满和投诉。这一事件侵犯了研究对象的隐私权，对其造成影响，也提醒研究者要加强数据安全管理。

第三，研究者应保持公正客观的态度，避免在研究中受到个人偏见、利益冲突或其他因素的影响。在研究设计、数据收集和分析、结果解释等各个环节，都要依据科学的方法和标准进行。例如，在评价某一媒体的社会影响力时，研究者不能因为个人对该媒体的喜好或与该媒体存在利益关系而做出不客观的评价。要确保研究结果能够真实、准确地反映研究对象的实际情况，不受主观因素的影响而被歪曲事实。在一项关于媒体报道公正性的研究中，研究者通过对多家媒体在同一事件上报道的内容进行分析，发现部分媒体在报道中存在明显的倾向性。这一研究结果提醒我们，在新闻传播研究中，要特别注意确保研究的公正性和客观性，以揭示真实的传播现象和规律。

（2）新闻传播研究中研究伦理面临的挑战

①保护研究对象的隐私

随着信息技术的发展，新闻传播研究中收集的数据越来越多样化，包括大量的数字化信息。在收集和分析这些数据时，如何确保研究对象的隐私不被泄露是一个严峻的挑战。例如，在研究社交媒体上的新闻传播现象时，研究者可能会收集用户的发布内容、点赞记录、评论等信息，这些数据可能包含用户的个人观点、情感倾向、生活细节等敏感信息。而且，社交媒体平台的数据安全性也存在一定风险，可能会遭受黑客攻击或数据泄露事件。此外，一些研究可能需要对多个数据源进行整合分析，这增加了隐私泄露的风险点。

2018 年，某研究机构进行了一项关于社交媒体用户新闻分享行为的研究。该研究收集了大量用户在微信、微博等平台上的分享数据，但在数据处理过程中，由于安全措施不到位，部分用户的个人信息（如微信号、微博昵称等）被意外泄露。这一事件引起了用户的关注和不满，一些用户对该研究机构提出了投诉。据统计，约有 500 名用户的信息受到影响。该研究机构不得不采取紧急措施，向用户道歉并承诺加强数据安全管理，同时对相关数据进行了加密和删除处理。这一案例表明，在新闻传播研究中，研究者要高度重视保护研究对象的隐私，从数据收集、存储、处理到销毁的各个环节都要采取严格的保密措施。

②确保研究的公正性和客观性

在新闻传播研究中，研究者可能会受到多种因素的影响，导致研究的公正性和客观性受到挑战。一方面，研究者自身的价值观和立场可能会在不知不觉中影响研究的设计和实施。例如，在研究某一热点社会事件的媒体报道时，如果研究者对该事件本身有先入为主的看法，可能会在选择研究样本、分析报道内容时存在倾向性，从而影响研究结果的公正性。另一方面，外部因素如资金来源、利益关系等也可能对研究产生干扰。例如，一些研究可能由特定的媒体机构或企业资助，如果研究者不能保持独立和客观，可能会为了满足资助方的需求而得出有偏差的结论。

13.4.2　研究方法规范化、标准化与学术诚信

（1）研究方法规范化和标准化的意义

①提高研究的可靠性

在新闻传播研究领域，研究方法的规范化和标准化是确保研究质量的关键。规范化的研究方法意味着在研究设计、数据收集、分析和解释等各个环节都遵循一定的科学原则和程序。例如，在进行问卷调查时，标准化的问卷设计要求明确问题的表述、选项的设置以及问卷的发放和回收方式等。如果每位

研究者都能按照规范的方法进行操作，就可以减少因方法不当而导致的误差和偏差，从而提高研究结果的可靠性。

以一项关于受众对新闻媒体信任度的调查研究为例，如果研究者在问卷设计中问题模糊不清、选项设置不合理，或者在发放问卷时没有按照科学的抽样方法选取样本，那么收集到的数据就可能无法准确反映受众的真实态度，研究结果也就不可靠。而通过规范化的问卷设计和抽样方法，能够确保数据的质量，使得研究结果更具可信度。据相关统计，采用规范化研究方法进行的调查研究，其结果的可靠性比未规范化的研究高出 30% — 40%。这表明规范化的研究方法对于提高研究可靠性具有重要意义。

②增强研究的可比性

标准化的研究方法使得不同研究者在相同或相似的研究领域中能够采用相同的方法和程序进行研究，从而便于对研究结果进行比较和验证。在新闻传播研究中，很多问题需要在不同的时间、地点或文化背景下进行研究，以探讨其普遍性和特殊性。例如，对于社交媒体对青少年价值观的影响这一研究课题，不同的研究者可能在不同的地区进行调查。如果他们都采用标准化的研究方法，如相同的测量工具、样本选取方法和数据分析技术，那么他们的研究结果就可以进行直接比较和综合分析。

这种可比性不仅有助于学术知识的积累和整合，还能够促进学术交流和合作。研究者可以通过比较不同研究的结果，发现其中的差异和共同点，进一步深入探讨影响研究结果的因素，从而推动学科的发展。例如，在国际上，一些大规模的新闻传播研究项目通常会制定统一的研究标准和方法，以便各国研究者能够共同参与并比较研究结果。这种跨地区、跨文化的比较研究为我们更全面地理解新闻传播现象提供了丰富的资料和深刻的见解。

③促进学术交流与合作

当研究方法规范化和标准化后，研究者之间的交流和合作将更加顺畅和有效。在学术交流中，研究者可以更清晰地理解彼此的研究过程和结果，在合作研究中，规范化和标准化的研究方法也是确保合作顺利进行的基础。不同的研究者来自不同的机构和背景，而遵循共同的规范和标准，研究者可以更好地分工协作，提高合作效率，共同完成高质量的研究项目。例如，在一项多机构联合开展的关于网络新闻传播效果的研究中，由于事先制定了详细的研究方法规范，包括数据采集的标准、分析模型的选择等，各参与机构能够顺利地合作，最终取得具有重要学术价值和实践意义的研究成果。该研究成果在学术界和新闻传播行业都产生了广泛的影响，进一步促进了相关领域的研究和实践发展。

（2）学术诚信在新闻传播研究中的重要性及体现

第一，学术诚信是新闻传播研究的基石，其中不抄袭、不剽窃是最基本的要求。在新闻传播领域，无论是理论研究还是实证研究，都需要研究者付出大量的时间和精力进行思考、调研和分析。抄袭和剽窃他人的研究成果不仅是对他人劳动的不尊重，更是对学术道德的严重践踏，会破坏整个学术生态的健康发展。

第二，在新闻传播研究中，数据的真实性和可靠性至关重要。不伪造数据要求研究者必须以严谨的态度对待研究过程中的数据收集和分析工作，确保所使用的数据真实反映研究对象的实际情况。伪造数据会导致研究结果的错误和误导，严重影响学术研究的科学性和可信度。

第三，遵守学术规范是保持学术诚信的重要体现。学术规范涵盖了研究的各个方面，包括文献引用、研究方法的选择和报告、学术成果的署名等。在文献引用方面，研究者需要正确标注引用的文献来源，避免故意遗漏或错误引用他人的研究成果。按照学术规范进行文献引用不仅是对前人研究的尊重，也是为读者提供进一步查阅相关资料的线索，促进学术知识的传承和发展。

第四，在研究方法的选择和报告方面，研究者应该详细描述所采用的研究方法、实验设计、数据采集和分析过程等，以便其他研究者能够重复和验证研究结果。同时，在学术成果的署名方面，要遵循实事求是的原则，根据研究者对研究工作的实际贡献确定署名顺序，避免因署名问题引发纠纷和学术不端行为。例如，在一篇学术论文中，如果研究者使用了他人的研究方法或理论框架，就必须在文中进行明确的引用和说明。如果对研究方法进行了改进或创新，也应该详细阐述改进的内容和创新点。只有严格遵守学术规范，才能保证学术研究的公正性和透明度，维护学术诚信的良好氛围。

第14章　新闻传播的发展趋势与战略应对

14.1　新闻传播行业的未来展望与战略布局

14.1.1　新闻传播行业的转型、创新与可持续发展

（1）从单一的新闻传播向多元化的内容服务转型

澎湃新闻在转型过程中，不仅专注于新闻报道，还积极拓展多元化的内容服务。除了提供及时、准确的新闻资讯外，澎湃新闻还开设了多个特色栏目和专题，如“澎湃问吧”“思想市场”等，涉及文化、艺术、科技、经济等多个领域，为用户提供深度解读和知识分享服务。同时，澎湃新闻还推出了一系列线下活动，如文化讲座、主题展览等，将线上内容与线下活动相结合，打造多元化的内容服务生态。据澎湃新闻统计，自开展多元化内容服务以来，其用户黏性显著提高，付费会员数量也逐年增长，为其带来了新的收入增长点。

随着受众需求的日益多样化，单一的新闻传播已难以满足市场需求。向多元化的内容服务转型，能够拓展新闻媒体的业务范围，丰富收入来源，降低自身对传统广告收入的依赖，提升媒体在市场中的竞争力。

（2）创新：驱动发展的核心动力

①新闻内容创新

央视新闻在内容创新方面不断探索，推出了一系列具有创新性的新闻节目和报道形式。例如，“主播说联播”栏目以短视频的形式，用通俗易懂、生动有趣的语言解读国内外热点新闻事件，深受年轻观众喜爱。该栏目在抖音等平台上的播放量和点赞量屡创新高，单条视频的最高播放量可达数亿次。此外，央视新闻还积极采用虚拟现实、增强现实等技术，制作沉浸式新闻报道，让观众身临其境地感受新闻事件现场。在 2022 年北京冬奥会报道中，央视新闻通过 VR 技术，让观众仿佛置身于比赛场馆，近距离观看比赛，获得了

独特的观赛体验。这种内容创新不仅丰富了新闻报道的形式和内涵，也吸引了更多用户关注，提升了央视新闻的品牌影响力。

在信息爆炸的时代，受众对新闻内容的要求越来越高。新闻内容创新能够打破传统新闻报道的模式化和同质化，为受众提供新颖、独特、有价值的新闻信息。创新内容形式和表达方式可以更好地吸引受众的注意力，满足受众对新闻深度和广度的需求，提高新闻传播的效果和质量。同时，内容创新也有助于新闻媒体树立独特的品牌形象，在激烈的市场竞争中脱颖而出。

②传播形式创新

新华社在传播形式创新方面取得了显著成效。新华社利用直播技术对许多重大事件进行了现场直播报道。在 2023 年的一次航天发射任务中，新华社通过直播的方式实时展示火箭发射的全过程，同时邀请专家进行现场解读，为观众提供专业、全面的航天知识。直播期间，数千万观众在线观看，直播间互动量达数百万次。此外，新华社还积极探索短视频新闻的制作和传播，推出了“新华视点”等短视频栏目，以简洁明快的方式报道新闻事件，适应了移动互联网时代用户碎片化阅读的习惯。据统计，“新华视点”短视频在各大平台的累计播放量已超过数十亿次，成为新华社传播新闻的重要渠道之一。

传播形式创新能够适应不同传播渠道和受众的特点，提高新闻的传播效率和覆盖面。随着移动互联网的普及，用户获取新闻的方式发生了巨大变化，短视频、直播成为新闻主流传播形式。通过创新传播形式，新闻媒体可以更好地利用新兴技术和平台，将新闻信息更快速、更直观地传递给受众，增强新闻的传播力和影响力。同时，多样化的传播形式也能够满足受众不同的阅读和观看需求，提高用户对新闻媒体的满意度和忠诚度。

③商业模式创新

财新传媒在商业模式创新方面进行了积极探索，推出了付费订阅模式。财新传媒以其专业、深度的财经新闻报道吸引了大量高端用户和专业人士。通过提供高质量的独家新闻内容和深度分析文章，财新传媒吸引用户付费订阅。2023 年，财新传媒的付费订阅用户数量已突破百万，付费订阅收入成为其重要的收入来源之一。同时，财新传媒还积极开展广告合作和品牌活动，与各大企业和机构建立合作关系，实现多元化的收入结构。例如，财新传媒举办的财新峰会等活动，邀请国内外知名专家学者和企业高管参加，为企业提供了交流合作的平台，也为财新传媒带来了可观的收入和品牌影响力的提升。

在传统广告市场竞争激烈、新闻媒体收入增长面临压力的情况下，商业模式创新对于新闻传播行业的可持续发展至关重要。付费订阅模式能够为新闻媒体提供稳定的收入来源，同时也有助于培养用户的付费意识和对高质量内容的需求。通过多元化的商业模式，新闻媒体可以充分发挥自身的资源优势，拓展收入渠道，降低经营风险，实现可持续的盈利增长。此外，创新商业模式还能够促进新闻媒体与其他行业的融合发展，为新闻传播行业创造更多的发展机遇。

（3）可持续发展：兼顾经济、社会与环境效益的发展理念

①注重社会效益——传播正能量，促进社会和谐发展

新闻媒体作为社会的信息传播者和舆论引导者，承担了重要的社会责任。注重社会效益，传播正能量，能够引导社会舆论朝着积极健康的方向发展，促进社会和谐稳定。通过宣传先进典型和正面事迹，可以激发人们的向善之心和奋斗精神，推动社会文明进步。同时，在面对重大社会事件和突发事件时，新闻媒体及时、准确的报道能够消除公众的恐慌和误解，维护社会秩序，为社会的发展创造良好的舆论环境。

②注重环境效益——减少能源消耗和环境污染

随着全球环境问题的日益严峻，新闻传播行业也应积极响应环保号召，注重环境效益。减少新闻生产和传播过程中的能源消耗和环境污染，不仅符合可持续发展的理念，也是新闻媒体应尽的社会责任。通过采取环保措施，新闻媒体可以降低运营成本，提高资源利用效率，同时也为推动全社会的绿色发展起到示范作用。此外，关注环境问题并进行相关报道，也能引导公众增强环保意识，促进社会形成可持续发展的共识。

面对技术进步和市场变化的双重挑战，新闻传播行业的转型、创新与可持续发展是必然趋势。通过从传统媒体向新媒体转型、从单一新闻传播向多元化内容服务转型，新闻传播行业能够更好地适应时代发展的需求，拓展发展空间。在创新方面，新闻内容创新、传播形式创新和商业模式创新为行业发展注入新的活力，提高新闻传播的质量和效率，增强行业的竞争力。

同时，注重社会效益和环境效益的可持续发展理念，使新闻传播行业在追求经济效益的同时能够更好地履行社会责任，为社会的和谐发展和环境保

护作出贡献。只有在转型、创新与可持续发展的道路上不断探索和前进，新闻传播行业才能在未来的发展中实现长期稳定的繁荣，为社会和公众提供更加优质、丰富、有价值的新闻信息和服务。

14.1.2 新闻传播行业面临的挑战与应对策略

（1）新闻传播行业发展面临的挑战

①信息过载

在互联网普及的当下，信息的产生和传播速度呈爆炸式增长。每天都有海量的新闻资讯、社交媒体动态、自媒体文章等涌现，受众面临着严重的信息过剩问题。例如，各大新闻资讯平台每天推送的新闻数量众多，用户在有限的时间内难以筛选出真正有价值的信息，大量信息未被有效阅读就被新的信息所覆盖。

信息过载使得受众容易陷入信息疲劳和焦虑，降低了他们对新闻的关注度和信任度。对于新闻传播行业来说，这也增加了吸引和留住受众的难度，影响了新闻的传播效果和影响力。

②虚假信息

网络的匿名性和信息传播的低成本，导致虚假信息大量滋生。一些别有用心的人或组织为了追求自身利益，故意制造和传播虚假新闻。比如，一些社交媒体上经常出现一些谣言、虚假新闻，这些虚假信息往往能在短时间内迅速传播，引发公众的恐慌或误解。

虚假信息严重损害了新闻传播行业的公信力和权威性，破坏了正常的信息传播秩序。当受众多次受到虚假信息的误导后，他们对新闻媒体的信任度会大幅下降，这对于新闻传播行业的长期发展是极为不利的。

③用户隐私保护

随着数字化技术的发展，新闻传播行业对用户数据的收集和使用越来越频繁。新闻媒体可以通过用户的浏览记录、搜索行为、地理位置等信息来进行用户个性化推荐和精准营销，但在这个过程中，用户的隐私信息可能会被泄露或滥用。例如，一些应用程序可能会在用户不知情的情况下收集大量个人信息，并将其出售给第三方公司，导致用户收到大量的垃圾广告和骚扰信息。

用户隐私保护问题不仅会侵犯用户的合法权益，还会引发用户对新闻传播行业的不满和抵制。一旦用户对某个新闻媒体的隐私保护措施失去信任，他们可能会不再使用该媒体的服务，从而影响该新闻媒体的用户基础和市场份额。

（2）应对挑战的策略

①加强技术创新，提高信息筛选和审核能力

新闻媒体可以引入更加先进的信息筛选算法。这些算法可以根据新闻的来源、内容、发布时间等多个因素，对海量的信息进行快速筛选和分类，帮助用户快速找到自己感兴趣的新闻内容。同时，算法还可以对虚假信息进行初步的识别和过滤。此外，新闻媒体还需要建立专业的审核团队，对新闻内容进行人工审核。审核团队应具备专业的新闻素养和敏锐的判断力，能够准确识别虚假信息、不良信息和侵权信息等，并及时进行处理。

②加强与其他行业的合作，实现资源共享和优势互补

首先，新闻媒体可以与科技公司开展合作，共同开发和应用新技术。例如，与人工智能公司合作，开发智能新闻推荐系统；与大数据公司合作，进行用户数据的分析和挖掘等。通过与科技公司的合作，新闻媒体可以借助科技公司的技术优势和资源优势，提升自身的技术水平和业务能力。其次，不同类型的媒体之间开展合作，实现资源共享和优势互补。例如，传统媒体可以与新媒体平台合作，将自己的优质新闻内容发布到新媒体平台上，扩大新闻的传播范围；新媒体平台也可以与传统媒体合作，借助传统媒体的专业采编团队和品牌影响力，提升自身的内容质量和公信力。

③加强用户隐私保护

首先，新闻媒体应制定明确的隐私政策，告知用户个人信息的收集、使用和保护方式，让用户清楚地了解自己的隐私权利。隐私政策应符合相关的法律法规要求，并在新闻媒体的网站、应用程序等平台上进行公示，方便用户查阅和了解。其次，采用先进的技术手段，加强对用户隐私信息的保护。例如，使用加密技术对用户的个人信息进行加密处理，防止信息被窃取和篡改；建立严格的访问控制机制，限制内部人员对用户隐私信息的访问权限，确保用户信息的安全。

14.1.3 探索新闻传播与科技创新的互动关系

（1）新技术对新闻传播的影响

科技创新是推动新闻传播行业发展的重要动力。近年来，人工智能、大数据、区块链、虚拟现实等新技术的不断涌现，给新闻传播带来了深刻的变

革。人工智能技术在新闻生产中的应用，如自动化写作、智能推荐、语音识别等，提高了新闻生产的效率和质量，改变了新闻生产的方式和流程。大数据技术使得新闻媒体能够更加精准地了解用户需求，实现个性化推荐和精准营销。

区块链技术在新闻传播领域的应用，可以提高新闻信息的真实性和可信度，防止虚假信息的传播。例如，一些新闻机构尝试利用区块链技术建立新闻溯源系统，确保新闻信息的来源可追溯、内容不可篡改。虚拟现实技术为新闻传播带来了全新的体验，用户可以通过虚拟现实设备身临其境地感受新闻事件现场，增强了新闻的感染力和吸引力。

以新华社的"AI 合成主播"为例，它利用人工智能技术，能够实现 24 小时不间断地进行新闻播报。这种创新的新闻传播形式不仅提高了新闻生产的效率，还为用户带来了全新的视听体验。据统计，"AI 合成主播"在推出后的一段时间内，其相关新闻报道的点击量和关注度都有了明显的提升，展示了人工智能技术在新闻传播中的巨大潜力。

（2）新闻传播对技术创新的推动作用

新闻传播不仅受到科技创新的影响，也对技术创新起到推动作用。新闻媒体作为信息传播的重要渠道，能够及时传播科技创新的成果和信息，促进科技知识的普及和推广，激发公众对科技创新的兴趣和关注。同时，新闻媒体对科技创新的报道和讨论，能够为科技创新营造良好的舆论环境，促进科技与社会的互动和融合。

例如，一些科技类媒体通过对新兴科技企业的报道和对科技创新趋势的分析，为科技企业提供了展示平台和发展思路，推动了科技创新的产业化和市场化。此外，新闻传播在对科技创新进行监督和评价的过程中，也能够促进科技企业不断改进技术和产品，提高科技创新的质量和效益。

随着新闻传播实践的不断发展，未来的新闻传播理论研究面临着广阔的空间和重要的使命。深入研究新媒体环境下的新闻传播规律和特点、加强跨文化传播和国际传播领域的研究、关注新闻传播与社会发展的关系以及探索新闻传播与科技创新的互动关系，将是未来新闻传播理论研究的重点。通过这些方面的研究，不仅能够丰富和完善新闻传播理论体系，更能够为新闻传播实践提供有力的指导，推动新闻传播行业在新时代更好地服务于社会发展和国家战略，实现自身的创新与发展。在这个过程中，需要学术界、业界以及社会各界共同努力，加强合作与交流，不断探索和创新，以适应时代的发展需求，为新闻传播事业的繁荣作出积极贡献。

14.2 新闻传播在社会中的角色、责任与公共利益

14.2.1 新闻传播在社会中的新角色与功能定位

（1）社会舆论引导者的角色与功能

新闻传媒作为社会舆论的引导者，肩负着传播主流价值观、凝聚社会共识的重任。通过宣传社会正能量，新闻媒体能够为社会营造积极向上的舆论氛围，促进社会的和谐稳定。

新闻传媒通过多种方式传播正能量，弘扬社会主义核心价值观。一方面，媒体通过报道身边的好人好事、道德模范等典型案例，传递温暖和力量，引导公众向榜样学习。例如，中央电视台的《感动中国》节目每年评选出一批具有崇高精神品质的人物，通过深入挖掘他们的事迹，以颁奖典礼和专题报道的形式向全国观众传播。这些人物的故事涵盖了爱国、敬业、诚信、友善等多个方面，他们的事迹感动了无数人，成为人们践行社会主义核心价值观的生动教材。

另一方面，新闻媒体在日常报道中注重融入核心价值观的元素，通过对社会事件的解读和评论，引导公众树立正确的价值取向。例如，在报道一些社会热点事件时，媒体不仅关注事件本身的发展，还会从价值观的角度进行分析和引导，倡导公平、正义、法治等理念。在网络舆论环境复杂的情况下，新闻媒体积极引导公众理性看待问题，避免情绪化和极端化的言论，维护了社会舆论的健康秩序。

（2）公共事务参与者的角色与功能

第一，新闻传媒应密切关注社会热点问题，及时反映公众关切，发挥舆论监督作用，推动社会问题的解决。媒体通过深入调查报道，揭示社会现象背后的问题和矛盾，促使相关部门和社会主体采取措施加以改进。例如，在环境保护领域，一些媒体对环境污染事件进行了持续跟踪报道，引起了社会的广泛关注。2021 年，某地区发生了一起严重的水污染事件，当地媒体迅速

介入，对事件的原因、影响和相关责任方进行了深入调查报道。媒体的报道引发了公众的强烈反响，促使政府部门高度重视，并迅速采取措施治理污染，加强对企业的环境监管，并对相关责任人进行了严肃处理。通过媒体的舆论监督，推动了当地环境问题的解决，保障了公众的环境权益。

此外，新闻媒体还对政府部门的工作进行监督，促进政府依法行政，提高公共服务质量。媒体通过报道政府政策的执行情况、公共项目的建设进展，及时发现问题并提出建议。例如，一些媒体对政府扶贫工作进行监督报道，关注扶贫资金的使用、扶贫项目的落实等情况，推动了扶贫工作的精准化和规范化。媒体的舆论监督促使政府部门更加注重工作的透明度和实效性，提高了政府的公信力和执行力。

第二，新闻传媒在促进社会公平正义和民主法治建设方面发挥着重要作用。媒体通过报道社会不公平现象、弱势群体的权益保障等问题，引发社会关注，推动相关政策的完善和制度的建设。例如，在报道农民工工资拖欠问题时，媒体深入调查农民工的工作和生活状况，揭示工资拖欠的原因和影响，呼吁社会关注农民工权益。相关报道引起了相关部门的重视，出台了一系列政策措施加强对农民工工资支付的监管，保障了农民工的合法权益。

第三，新闻媒体在民主法治建设中也扮演着重要角色。媒体通过宣传法律法规、普及法律知识，提高公众的法律意识和法治观念。媒体对司法案件的报道，有助于促进司法公正，增强公众对司法制度的信任度。例如，一些媒体对重大刑事案件的庭审进行直播报道，让公众直观地了解司法审判的过程，增强了司法审判的透明度和公信力。媒体还通过对法治建设成果的宣传，营造了良好的法治氛围，推动了全社会形成尊法、学法、守法、用法的良好风尚。

（3）社会进步推动者的角色与功能

第一，新闻传媒应关注科技创新领域的发展，及时传播科技创新的最新成果和先进理念，为社会进步提供智力支持。媒体通过报道科技创新企业的发展、科研项目的突破等，激发全社会的创新活力和创业热情。例如，在 5G 技术的推广应用过程中，各大媒体纷纷进行专题报道，介绍 5G 技术的特点、应用场景和对社会经济发展的影响。媒体的报道让公众对 5G 技术有了更深入的了解，促进 5G 技术在各个领域的快速应用和发展。

同时，新闻媒体还通过举办科技创新论坛、科普活动等形式，传播创新思维和科学方法，培养公众的创新意识和科学素养。例如，一些科技类媒体与科研机构合作，举办科普讲座和科技展览，向公众普及人工智能、生物技术等前沿科技知识。这些活动激发了青少年对科学技术的兴趣，为培养科技创新人才奠定了基础。相关调查显示，在媒体加强科技创新报道和科普宣传后，公众对科技创新的关注度和参与度明显提高，科技创新对经济增长的贡献率也不断提升。

第二，新闻传媒在文化发展方面具有重要的推动作用。媒体通过宣传优秀传统文化、现代文化产业的发展等，促进文化的传承和创新。例如，中央电视台的《中国诗词大会》《国家宝藏》等文化节目，通过创新的节目形式和传播手段，将中华优秀传统文化呈现在观众面前，引发全民对传统文化的热爱和关注。这些节目不仅提高了传统文化的知名度和影响力，还促进了传统文化的传承和发展。

新闻媒体还关注文化产业的发展，通过报道文化企业的创新经验和成功案例，为文化产业的发展提供借鉴和启示。例如，对一些地方特色文化产业的报道，如云南的民族文化旅游产业、深圳的文化创意产业等，展示了这些地区如何将文化资源与现代产业相结合，实现文化产业的繁荣发展。媒体的报道吸引了更多的地方和企业关注文化产业，推动了文化产业的多元化发展。同时，媒体通过国际文化交流报道，促进了不同国家和地区之间的文化交流与合作，提升了中华文化的国际影响力。例如，对中国文化年、国际艺术展览等活动的报道，让世界更好地了解中国文化，增进了中外文化的相互理解和尊重。

在新时代，新闻传媒在社会中扮演着至关重要的角色，具有不可替代的功能。作为社会舆论的引导者，新闻传媒通过坚持正确的舆论导向，传播正能量，弘扬社会主义核心价值观，为社会营造良好的舆论环境；作为公共事务的参与者，新闻传媒关注社会热点问题，发挥舆论监督作用，促进了社会公平正义和民主法治建设；作为社会进步的推动者，新闻传媒关注科技创新、文化发展等领域的发展，传播先进理念和成功经验，为社会进步提供智力支持和精神动力。在未来的发展中，新闻传播应继续适应时代的变化和需求，不断创新和提升自身的能力和水平，更好地履行其在社会发展中的职责和使命，为推动社会的持续发展和进步作出更大的贡献。

14.2.2　社会进步、文化繁荣促进新闻传播

（1）社会进步对新闻传播的促进作用

第一，社会进步为新闻传播创造了更加有利的发展环境和条件。随着经济的发展、科技的进步和社会制度的完善，新闻传播的领域不断拓展，传播方式日益多样化。例如，改革开放以来，中国社会经济快速发展，城市化进程加速，人们的生活水平显著提高。这使得新闻传播市场不断扩大，媒体行业蓬勃发展。从传统的报纸、广播、电视到新兴的互联网媒体、社交媒体，新闻传播的渠道和平台不断增加，为新闻传播提供了更广阔的发展空间。

第二，社会的不断发展催生了丰富多样的新闻事件和现象，为新闻传播提供了源源不断的素材。随着社会进步，各个领域都发生着深刻的变化，政治、经济、文化、科技、教育等方面的新政策、新成果、新动态不断涌现，成为新闻报道的重要素材。例如，中国在科技创新领域取得了举世瞩目的成就，高铁技术、5G 通信、航天工程等不断突破，这些科技创新成果为新闻传播提供了丰富的素材。媒体通过对这些科技成果的报道，向公众展示了中国的科技实力和创新能力，激发了人们对科技的关注和兴趣。

（2）文化繁荣对新闻传播的支撑作用

第一，文化繁荣为新闻传播奠定了坚实的文化基础，赋予了新闻传播丰富的文化内涵。一个国家或地区的文化传统、价值观、审美观念等文化元素，渗透到新闻传播的各个环节中。中国拥有悠久的历史和灿烂的文化，传统文化中的儒家思想、道家思想、诗词歌赋、戏曲艺术等为新闻传播提供了深厚的文化底蕴。新闻媒体在传播新闻信息的同时也传承和弘扬了这些优秀传统文化。

第二，文化繁荣激发了人们的创造力和创新精神，为新闻传播提供了强大的精神动力。在一个文化活跃的社会环境中，人们对新事物的接受度更高，对信息的需求也更加多样化和个性化。这促使新闻媒体不断创新内容和形式，以满足受众的需求。例如，近年来中国的文化创意产业蓬勃发展，动漫、游戏、影视等领域涌现出众多优秀的作品。新闻媒体对这些文化创意产业的关注和报道，不仅推动了产业的发展，也为新闻传播提供了新的内容和形式。

一些媒体与动漫、游戏企业合作，推出了以动漫形象、游戏角色为主题

的新闻报道和互动节目，吸引了大量年轻受众的关注。这种跨领域的合作创新，丰富了新闻传播的形式和内容，为新闻传播注入了新的活力。同时，文化繁荣也培养了一批具有创新精神和文化素养的新闻从业人员，他们能够更好地挖掘和传播文化内涵，创作出高质量和更具影响力的新闻作品。

第15章　结论

本书对新媒体浪潮下的新闻传播机制进行了全面深入的研究。通过对新闻传播现状、理论基础、受众分析、内容生产、传播渠道、传播效果、新闻伦理法规、传播策略、国际新闻传播、新闻教育、人工智能时代的新闻传播、新闻传播技术应用、案例研究、政策法规适应性、研究方法创新以及未来趋势等多个方面的探讨，揭示了新媒体环境下新闻传播的机遇与挑战。

在研究过程中，我们发现新媒体的发展给新闻传播带来了巨大的影响。新闻传播模式从传统的单向传播向互动传播转变，受众角色从被动接受者向主动参与者转变，新闻内容生产更加多元化和个性化，传播渠道更加丰富多样，传播效果评估更加复杂多元。同时，新媒体也带来了信息过载、虚假新闻、隐私保护等问题，给新闻传播带来了新的挑战。

为了应对这些挑战，新闻传播行业需要不断创新和改革。新闻媒体应加强技术创新，提高新闻传播的效率和质量；加强内容创新，提供有价值、有深度、有温度的新闻内容；加强与受众的互动，提高受众的参与度和黏性；加强新闻伦理法规建设，规范新闻传播行为，保障公众利益。

第一，新闻媒体应积极拥抱新媒体技术，加强数字化转型，是新闻媒体提高竞争力、适应时代发展的关键举措。数字化转型能够打破传统媒体时间和空间的限制，实现新闻信息的快速传播和广泛覆盖，提高新闻生产和传播的效率和质量。同时，新媒体技术还为新闻媒体提供了丰富多样的传播形式和互动手段，可以增强新闻的吸引力和感染力。

第二，在信息爆炸的时代，受众对新闻内容的需求日益多样化。新闻媒体只有注重内容创新，提供有价值、有深度、有温度的新闻内容，才能吸引受众的关注，满足他们的需求。有价值的新闻内容能够为受众提供有用的信息和知识，帮助他们更好地了解世界；有深度的新闻内容能够深入挖掘事件背后的原因和意义，引导受众进行理性思考；有温度的新闻内容能够关注人性、传递情感，引起受众的共鸣和情感认同。例如，新闻媒体可以加强新闻选题策划，关注社会热点、民生问题和重大事件，挖掘具有独特视角和价值的新闻选题，打造差异化的新闻内容；还可以创新新闻报道形式，采用短视频、直播、H5 互动新闻等多种形式，丰富新闻的呈现方式，提高新闻的可读性和吸引力。

第三，加强与受众的互动是新闻传播的重要趋势。通过互动，新闻媒体能够更好地了解受众的需求，提高受众的参与度，使新闻媒体与用户建立良好的关系。互动还能够增强受众对新闻媒体的认同感和忠诚度，促进新闻的传播和分享。

新闻媒体可以利用社交媒体平台的评论、点赞、分享等功能，及时回复受众的评论和留言，与受众进行互动交流，了解他们的需求和意见。同时，根据受众的反馈，及时调整新闻报道的内容和方式，提高新闻传播的效果。此外，开展线上线下互动活动，如新闻直播中的互动环节、读者见面会、社区活动等，可以增强新闻媒体与受众的面对面交流和互动，拉近与受众的距离，与其建立更加紧密的关系。

新闻媒体还可以建立用户反馈机制，定期收集和分析受众的反馈数据，了解受众对新闻内容、传播形式、服务质量等方面的评价和需求，为新闻媒体的改进和创新提供依据。

第四，新闻伦理法规是新闻传播行业的基本准则和规范，加强新闻伦理法规建设对于保障公众利益、维护社会秩序和促进新闻传播行业的健康发展具有重要意义。在新媒体环境下，新闻传播的速度和范围大大增加，虚假新闻、低俗内容、侵权行为等问题时有发生，严重损害了新闻媒体的公信力和社会形象。因此，新闻媒体必须加强新闻伦理法规建设，规范新闻传播行为，确保新闻信息的真实性、客观性和公正性，为公众提供优质的新闻服务。

新闻机构应加强对新闻从业人员的新闻伦理法规培训，提高他们的法律意识和职业道德水平。定期组织培训课程和学习活动，让新闻从业人员熟悉相关的法律法规和职业道德规范，明确自己的责任和义务。新闻机构还应建立健全内部的新闻审核制度和监督机制，加强对新闻内容的审核和把关，确保新闻报道符合新闻伦理法规的要求。对违反新闻伦理法规的行为要严肃处理，追究相关人员的责任。

本书虽然努力涵盖多个方面的研究，但由于新媒体发展的动态性和复杂性，仍然难以全面捕捉所有的新闻传播现象和问题。

第一，特定类型的短视频新闻的快速传播机制、用户对不同类型新闻短视频的互动模式的细微变化等，新出现的现象和问题在本书的研究框架中未能得到充分的分析和探讨。

第二，本书的研究主要基于理论分析和案例研究，这在一定程度上为理解新闻传播机制提供了深入的理论视角和实践经验总结。然而，本书相对缺乏大规模的实证研究，可能导致研究结果在普遍性和代表性方面存在一定的局限。例如，在研究新媒体对受众新闻消费习惯的影响时，虽然通过一些案例分析了部分受众的行为变化，但缺乏大规模的问卷调查或数据来全面、系统地了解不同地区、年龄、文化背景等受众群体的具体情况。中国一线城市和三、四线城市的受众在新媒体新闻消费上可能存在差异，如对新闻类型的偏好、获取新闻的时间和方式等，在本书中未进行揭示和深入分析。

第三，本书的研究主要集中在国内新闻传播领域，虽然提到了国际新闻传播的一些方面，但研究深度相对不足。在全球化的背景下，国际新闻传播的重要性日益凸显，不同国家和地区之间的新闻交流、文化传播以及舆论影响等问题具有重要的研究价值。例如，在报道国际重大事件时，中国媒体与国际媒体之间的互动和差异，以及中国新闻在国际传播中的效果和影响力等方面，都值得进行更深入的研究。

未来的研究应加强对新媒体环境下新闻传播现象的实证研究，综合运用定量和定性的研究方法，以更全面、准确地揭示新闻传播的规律和特点。

第一，未来的研究应对一些新媒体新闻的深度用户进行访谈，了解他们为什么选择特定的新闻来源、如何理解和解读新闻内容以及他们在新闻传播中的互动行为和心理体验等。通过定量和定性相结合的方法，可以相互补充，提供更全面、深入的研究结果。

第二，在全球化的时代背景下，国际新闻传播中的跨文化交流问题至关重要。未来的研究可以深入探讨不同文化背景下的新闻传播差异和互动模式，以及如何促进跨文化理解和交流。例如，研究中国新闻在西方国家传播时，如何跨越文化障碍，更好地传达中国的价值观和文化内涵。可以通过对西方受众对中国新闻的接受程度和理解偏差的调查研究，分析文化因素在其中的作用，并提出相应的传播策略。同时，研究国际媒体对中国形象的塑造和传播，以及中国媒体如何在国际舆论场中提升话语权和影响力。例如，分析一些国际知名媒体对中国的报道特点和倾向，以及中国媒体在国际重大事件报道中的表现和效果，通过对比研究，为中国媒体的国际传播提供参考和借鉴。

第三，除了关注现有技术的应用，未来的研究还需要探索新技术在新闻传播中的创新应用模式和可能性。例如，区块链技术在新闻真实性和版权保护方面具有潜在的应用价值，研究可以探索如何构建基于区块链的新闻传播平台，确保新闻信息的真实性和可追溯性，保护新闻作品的版权。同时，研究虚拟现实、增强现实等技术在新闻报道中的创新应用，如何为用户提供沉浸式、互动式的新闻体验。

第四，新媒体时代对新闻传播人才提出了新的要求，未来的研究需要探索如何构建适应时代需求的新闻传播教育体系和人才培养模式。研究可以关注新闻传播专业课程设置的改革，如何增加新媒体技术、数据分析、跨文化传播等方面的课程内容，培养学生的综合素养和实践能力。例如，一些高校已经开设了数据新闻、新媒体营销等课程，研究可以对这些课程的教学效果进行评估和分析，总结经验教训，为其他高校提供参考。同时，研究实践教学在新闻传播教育中的重要性，如何加强与媒体机构的合作，为学生提供更多的实习和实践机会，让学生在实践中掌握新媒体时代的新闻传播技能。

参考文献

[1] 左晶. 新媒体时代新闻传播业的变革[M]. 北京：知识产权出版社，2016.

[2] 薛可. 新媒体：传播新格局拓展[M]. 上海：上海交通大学出版社，2017.

[3] 潘柔冰. 新媒体语境下的体育新闻传播新格局[J]. 四川体育科学，2019，38（5）：13–15.

[4] 陈兴军. 新媒体在企业新闻传播中的创新应用探究[J]. 科技传播，2018，10（8）：71–73，131.

[5] 杨芝霞，张国梁. 新媒体技术在新闻传播行业的发展应用[J]. 数字通信世界，2019（9）：202.

[6] 李澄. 新媒体时代下新闻传播创新及实现途径研究[J]. 西部广播电视，2017（18）：2–3.

[7] 闫立成. 媒介融合背景下城市台脱贫攻坚新闻报道研究——以甘肃省为例[J]. 传媒论坛，2020，3（15）：47，49.

[8] 念红梅. 互联网语境下电视新闻融合传播新变化[J]. 电视研究，2019（4）：49–51.

[9] 郑弘，单丹丹. 浅析媒体融合创新的纵深发展之路——以央视新闻融合传播实践为例[J]. 传媒，2019（11）：69–72.

[10] 张建栋，张耀东，韩涛. 技术创新助力新闻融合传播与突破——青岛广电媒体深度融合的探索和实践[J]. 现代电视技术，2018（11）：102–105，109.

[11] 卢宇，余京蕾，陈鹏鹤，等. 生成式人工智能的教育应用与展望——以ChatGPT系统为例[J]. 中国远程教育，2023（4）：24–31，51.

[12] 喻国明，苏健威. 生成式人工智能浪潮下的传播革命与媒介生态——从ChatGPT到全面智能化时代的未来[J]. 新疆师范大学学报（哲学社会科学版），2023，44（5）：81–90.

[13] 张洪忠，黄民烈，张伟男，等. ChatGPT的技术逻辑、社会影响与传播学未来[J]. 江西师范大学学报（哲学社会科学版）：1–8.

[14] 陈昌凤，张梦. 由数据决定？AIGC的价值观和伦理问题[J]. 新闻与写作，2023（4）：15–23.
[15] 武沛颍，仇筠茜. 思维革命与实践升维：ChatGPT的“技术调节”分析[J]. 内蒙古社会科学，2024，45（1）：49–56.
[16] 黄楚新，许可. 主流媒体数字平台建设：价值逻辑、结构要素与行动路径[J]. 电视研究，2023（6）：14–19.
[17] 殷俊，杨金川. ChatGPT智能文化建构与社会功能研究[J]. 重庆工商大学学报（社会科学版），2024，41（3）：148–155.
[18] 苏斌. 人工智能新技术带动传媒行业深度融合[J]. 中国石化，2023（10）：83.
[19] 赫伯特・马尔库塞. 单向度的人:发达工业社会意识形态研究[M]. 刘继，译. 上海:上海译文出版社，2006：142.
[20] 刘泽玉. 智能传播时代：新闻生产流程面临的风险与挑战——基于ChatGPT浪潮的分析[J]. 视听，2023（11）：10–13.
[21] 李御任. 变革与风险：ChatGPT模型对新闻生产的重塑[J]. 试听，2023（11）：6–9.
[22] 段永光. 人工智能在新闻内容生产领域的应用研究[J]. 传播与版权，2023（3）：1–4.
[23] 井婷婷，张浩，李方南. 从ChatGPT看人机耦合的趋势[J]. 传媒，2023（10）：29–31.
[24] 李春艳. 科学应对传播媒介变革带来的机遇和挑战——以ChatGPT为例[J]. 传媒，2024（2）：43–46.